Günther Opp
Ein Spielplatz für alle

Günther Opp

Ein Spielplatz für alle

Zur Gestaltung barrierefreier Spielbereiche

Unter Mitarbeit von
Christl Brandl, Lothar Köppel, Erika Rossmann,
Evi Schießl-Pfeiffer, Ralf Rieger

Mit 70 Abbildungen

Ernst Reinhardt Verlag München Basel

Dr. phil. **Günther Opp,** Wiss. Ass.
am Institut für Sonderpädagogik
der Universität München

Christl Brandl, Ergotherapeutin, Bobaththerapeutin
Bayerische Landesschule für Körperbehinderte, München

Lothar Köppel, Ing. (grad.), Landschaftsarchitekt BDLA
Mühldorf/Inn

Erika Rossmann, Krankengymnastin, Bobaththerapeutin
Bayerische Landesschule für Körperbehinderte, München

Evi Schießl-Pfeiffer, Krankengymnastin, Bobaththerapeutin
Amberg/Opf.

Ralf Rieger, Ergotherapeut
Bayerische Landesschule für Körperbehinderte, München

Die Deutsche Bibliothek – CIP-Einheitsaufnahme

Opp, Günther:
Ein Spielplatz für alle : zur Gestaltung barrierefreier
Spielbereiche / Günther Opp. Unter Mitarb. von Christl Brandl
... - München ; Basel : E. Reinhardt, 1992
   ISBN 3-497-01269-6

© 1992 by Ernst Reinhardt, GmbH & Co, München. Dieses Werk einschließlich aller seiner Teile ist urheberrechtlich geschützt. Jede Verwertung außerhalb der engen Grenzen des Urheberrechtsgesetzes ist ohne schriftliche Zustimmung der Ernst Reinhardt, GmbH & Co, München, unzulässig und strafbar. Das gilt insbesondere für Vervielfältigungen, Übersetzungen in andere Sprachen, Mikroverfilmungen und die Einspeicherung und Verarbeitung in elektronischen Systemen.
Printed in Germany
Satz: Ilmgaudruckerei, Pfaffenhofen
Druck: Pustet, Regensburg

Geleitwort

Wer an der sozialen Eingliederung behinderter Kinder interessiert ist, wundert sich immer wieder, wenn er von den Schwierigkeiten und Hindernissen hört, die ihr konkret entgegenstehen. Dabei bezieht sich diese Beobachtung in aller Regel auf die Schule. Zu wenig wird die Frage gestellt, warum sich das Integrationsinteresse gerade und nahezu ausschließlich an der Schule festmacht, also an einer pädagogischen Institution, die wie keine andere an das Leistungsprinzip, also an Selektionsmechanismen gebunden ist und zwar nicht nur, weil sich deren Lehrer das so ausgedacht haben, sondern weil es dem erklärten Willen der Eltern entspricht, ihren Kindern die besten Ausgangschancen für deren Lebenslaufbahn zu verschaffen. Alles deutet darauf hin, daß sich an diesem Trend nichts ändert.

Umso mehr verwundert es, daß Kinder-Gemeinsamkeiten außerhalb der Schule nur gelegentlich zustande kommen. Müßte es nicht geradezu umgekehrt sein, wenn es sich, wie z. B. beim gemeinsamen Spiel, um Tätigkeiten und Interessen handelt, die nicht vom Prinzip der meßbaren Leistungssteigerung bestimmt sind? Wir können feststellen, daß solche Gelegenheiten gemeinsamen Spiels relativ wenig angeboten werden, obwohl sie – im Vergleich zur Schule, wesentlich leichter organisierbar sind, und obwohl in diesem relativ leistungsfreien Raum nachweislich viel unkomplizierter soziale Kontakte zwischen behinderten und nichtbehinderten Kindern in Gang kommen.

Irgend jemand muß natürlich die Initiative ergreifen. Von welcher Seite ist diese am ehesten zu erwarten? Man könnte auch fragen: Ist es eigentlich gleichgültig, ob eine solche Anregung und Unternehmung von einer allgemeinen oder einer speziellen Institution ausgeht? Erfahrungen sprechen eher dafür, daß größere Chancen für tatsächlich gemeinsames, d.h. für beide Seiten befriedigendes Spiel, dann gegeben sind, wenn eine Einrichtung, die sich für behinderte Kinder und deren soziale Eingliederung kompetent und verantwortlich fühlt, aktiv wird.

Genau dies und was daraus pädagogisch werden kann, wird hier berichtet. Am Ende könnte man geradezu meinen: So einfach und selbstverständlich könnte es sein! Gewissermaßen: Integration vor der Haustür! Integration im Alltag! Einfach so! Ohne ideologische Debatten und parlamentarische Beschlüsse! Wie sehr das Projekt, das hier beschrieben wird, von der Umgebung einer Einrichtung für behinderte Kinder und Jugendliche angenommen wurde, geht nicht nur aus der regen Beteiligung von beiden Seiten her hervor, sondern auch aus dem Protest der Eltern der Nachbarschaftskinder, als dem Gemeinschaftsunternehmen ein – vorübergehendes – Ende gesetzt werden mußte: Wegen dringend nötiger, längst geplanter Umbaumaßnahmen der Einrichtung mußte der Spielplatz gesperrt werden.

Der Bericht macht deutlich, daß einerseits nichts „von selber" entsteht, daß aber auch andererseits nicht alles pädagogisch gelenkt und bestimmt werden muß und darf. Soziale Prozesse im Kinde kommen nur dadurch zustande, daß es diese selber bewirkt; dies setzt aber bestimmte Erfahrungen voraus, für die pädagogisch gesorgt werden muß. Die pädagogische Aufgabe besteht vor allem darin, die entsprechend anregende und geeignete Umgebung bereitzustellen. Das bedeutet, daß nicht nur Spielgelegenheiten an sich angeboten werden, sondern daß diese auch für behinderte und nichtbehinderte Kinder geeignet sind. Dazu müssen u. U. Spielgeräte erst passend gemacht werden, bzw. die passenden sind auszuwählen. Spezielle pädagogische Erfahrung und Kreativität sind hierzu nötig. Ein weiteres Erfordernis ist eine pädagogische Begleitung, die bereitsteht, wenn sie gebraucht wird. Das Entscheidende freilich, also das, was behinderte und nichtbehinderte Kinder einander näherbringt, muß aus der Eigenaktivität der Kinder und aus ihrer ganz eigenen Erfahrung miteinander hervorgehen.

Otto Speck

Inhaltsverzeichnis

1.	**Kindliche Entwicklung und Erziehung:**	
	bewegte Zusammenhänge	9
1.1.	Stichpunkte zur frühkindlichen Entwicklung	9
1.2.	Kinder mit Behinderungen: Entwicklungsrisiken ...	12
1.3.	Cerebrale Bewegungsstörungen: ein Fallbeispiel ...	15
2.	**„Kinderspiel"**	21
2.1.	Begriffsspiele	21
2.2.	Neurologische Aspekte	25
2.3.	Subjektive Verständnisversuche:	
	„Mit anderen Augen sehen"	27
2.3.1.	Franzis Weg über die Hängebrücke	29
2.3.2.	Alltagsvergleiche	31
2.4.	Hilfestellungen: „pädagogische Zurückhaltung" ...	34
3.	**Die Entstehungsgeschichte unseres Spielplatzes:**	
	Ende gut, alles gut?	36
3.1.	Ein neuer Personenkreis körperbehinderter Kinder ..	36
3.2.	Neue Herausforderungen: erste Schritte	37
3.3.	Spielplatz für behinderte Kinder: ein Traum?	38
4.	**Die Spielgeräte**	46
4.1.	Schaukeln	47
4.2.	Rollstuhlschaukel	48
4.3.	Sitzschaukel	50
4.4.	Reifenschaukel	52
4.5.	Federschaukel	54
4.6.	Hängematten	55
4.7.	Rollstuhlwippe	57
4.8.	Karussell	59
4.9.	Rutschbahnen	61
4.9.1.	Breite Rutsche	62
4.9.2.	Schmale Rutsche	64
4.10.	Balanciergeräte	67
4.10.1.	Trampolin	67
4.10.2.	Hängebrücke	69

4.10.3. Tauhängebrücke 70
4.10.4. Wackelsteg 71
4.10.5. Gummitreppe 72
4.10.6. Balancierbalken 74
4.11. Netze 75
4.11.1. Kletternetztrichter 76
4.11.2. Schräges Kletternetz 77
4.11.3. Auf- und Abstiegsmöglichkeiten 77
4.12. Zugänge zu den Spielgeräten für Rollstuhlfahrer ... 82
4.12.1. Rampe 82
4.12.2. Rollstuhlparcours 83
4.13. Unter dem Spielplatzplateau 85
4.13.1. Untere Spielebene 85
4.14. Wasser-, Matsch- und Sandbereich 88
4.14.1. Großer Sandkasten 90
4.14.2. Wasser- und Sandebenen 90

5. Planungs- und Konstruktionsaspekte 92
5.1. Auswahl der Spieleinrichtungen: Kriterienkatalog .. 92
5.2. Freispielanlage: architektonische Problemstellungen 94
5.3. Konzeptbeschreibung 95
5.3.1. Die Spielanlage mit zwei Spielebenen 95
5.3.2. Sand-Wasser-Matschbereich 97
5.3.3. Schaukelbereich 98
5.3.4. Rollstuhlkarussell 100

6. Schlußbemerkungen:
   „Wo Licht ist, ist auch Schatten!" 102
6.1. Probleme, Tricks und Tips 106
6.2. Spiel ohne Ende – weitere Ausbaupläne 109
6.3. Schlußfolgerungen 109

Dankwort 111

Literaturverzeichnis 113

Anhang 115
1. Weiterführende Literatur 115
2. Einschlägige Fachzeitschriften 115
3. Weitere Informationsquellen 115
4. Firmen, die behindertengerechte Spielgeräte produzieren 115
5. Themenbezogene Ausstellungen 116
6. DIN-Vorgaben für behindertengerechte Spielanlagen 116
7. Gesetzesvorgaben 117

1. Kindliche Entwicklung und Erziehung: bewegte Zusammenhänge

1.1. Stichpunkte zur frühkindlichen Entwicklung

Das neugeborene Kind beginnt sein Erdenleben mit einer biologischen Grundausstattung, die ihm durch seine Aktivitäten ermöglicht, zwischen seinen Bedürfnissen und den direkten Bezugspersonen seiner Umgebung ein funktionales Gleichgewicht herzustellen. Das Kind lernt so, daß seine Handlungen etwas bewirken, daß sie die Ursache von etwas sind. Mit zunehmendem Lebensalter baut sich das Kind immer mehr kausale Austauschbeziehungen zur Welt auf, in denen es sich als handelndes Subjekt erlebt. Die Erfahrung, etwas verändern zu können, wird lustvoll erlebt. Sie drängt nach Wiederholung und verknüpft sich mit dem allgemeinen Antriebsniveau.

Während der Schwangerschaft durchläuft das werdende Baby nicht nur eine rasche organische Reifung, es erwirbt bereits intrauterin differenzierte Verhaltensweisen (Vries, Visser & Prechtl 1982). Der Geburtsvorgang wird durch aktive Stoß- und Drehbewegungen des Babys unterstützt. Die intrauterin erworbenen motorischen Muster müssen nach der Geburt gegen die Schwerkraft neu aufgebaut werden. Vom ersten Lebenszeichen an beginnt das neugeborene Kind mit der aktiven Gestaltung und Aneignung seiner Umwelt. Was oberflächlich wie die Befriedigung primärer Ernährungs- und Pflegebedürfnisse erscheint, ist ein sozialer Austauschprozeß mit den Eltern, den das Baby von seinen ersten Lebensäußerungen an tätig mitbestimmt. Erste Lernprozesse finden auf der Grundlage von spontanen Verhaltensweisen und Reiz-Reaktionsmustern statt, zu denen der Säugling durch seine Ausstattung mit Mechanismen physiologischer Reflexsteuerung befähigt ist. Dies beinhaltet von Geburt an relativ komplexe Leistungen, beispielsweise die Koordination von Saugen, Atmen und Schlucken bei der Nahrungsaufnahme.

Bereits die frühe Säuglingsphase ist eine Zeit aktiven Lernens und aktiver Interaktionen vor allem mit der Mutter. Wichtige Signalreize, das Gesicht und die Stimme der Mutter wecken die Aufmerksamkeit und erzeugen Hinwendungs- und Orientierungsreaktionen. Das wache neugeborene Baby reagiert auf akustische Reize in seiner Umwelt durch Suchbewegungen der Augen und eventuelle Kopfdrehung zur Geräuschquelle hin. In den ersten Lebenstagen können wichtige und unwichtige Reize unterschieden werden, bauen sich insbesondere in sozialen Austauschprozessen Aufmerksamkeits- und Gedächtnisleistungen auf. Diese sind selbst wieder die Voraussetzung der folgenden Lernprozesse, der zunehmenden Verknüpfung und des Zusammenspiels der verschiedenen physiologischen und sensorischen Funktionssysteme.

Das neugeborene Kind kann sehen, hören, verfügt über einen Gleichgewichtssinn, einen Tastsinn und eine Wahrnehmung des eigenen Körpers. Zunächst sind dies noch eher diffuse Fähigkeiten, die in Grundstrukturen angelegt sind. Durch ihren Gebrauch, die fortwährende Wiederholung von Handlungen und die Möglichkeit, sich an einmal erlernte Fähigkeiten zu erinnern, differenzieren sich diese grundlegenden Wahrnehmungsleistungen aus. Das Kind beginnt, sich selbst in seinen Lebenszusammenhängen wahrzunehmen.

„Was das Kind sieht, wird also sofort in Beziehung zu der räumlichen Körpererfahrung, zu Bewegungen und zu Tastempfindungen gesetzt und umgekehrt (was wir übrigens unser ganzes Leben lang praktizieren): Das Kind fühlt und sieht also gleichzeitig, wo es sich befindet. Es empfindet mit seinem Gleichgewichtssinn, daß es hochgenommen wird, sein Blick sammelt in der aufrechten Haltung ganz andere Eindrücke, als wenn es in seinem Körbchen liegt. Und wenn die Mutter, über das Kind gebeugt, mit ihm spricht, sieht es ihr Gesicht über sich, es hört ihre Stimme von oben, es fühlt mit seiner Haut, mit seinem Gleichgewichtssinn und vor allem in seinen Muskeln, Sehnen und Gelenken, daß es flach auf dem Rücken liegt" (Zimmer 1987, 29).

Diese Wahrnehmungen, ihre Verarbeitung und die ständige Wiederholung vielfältiger Wahrnehmungserfahrungen sind gleichsam die Matrix der physio-anatomischen Entwicklung des kindlichen Nervensystems. Das Zusammenspiel von aktiven Erfahrungen, psychischen Prozessen und den aus ihnen resultierenden physio-anatomischen Strukturbildungs- und Wachstumsprozessen ist das Fundament der kindlichen Lernprozesse, der Ausdifferenzierung der Wahrnehmungssysteme und der zunehmenden sensorischen Integrationsleistungen.

Im sechsten Lebensmonat hat sich das Körpergewicht des Babys etwa verdoppelt. Über die Übung separater Verhaltensschemata haben sich Koordinationen aufgebaut. Das Kind kann jetzt eine Rassel, die sich in seinem Sehfeld befindet, ergreifen. Es betrachtet die Rassel, führt sie zum Mund und saugt daran. Dies ist nun bereits eine Tätigkeit von beachtlicher Komplexität. Der Säugling ist fähig, einen Gegenstand von seinem Hintergrund zu unterscheiden, eine räumliche Beziehung zwischen sich und dem Gegenstand herzustellen (Wahrnehmung der Raumlage), die Arm-Handbewegung visuell zu steuern und die Hand-Fingerbewegungen über taktil-visuelle Informationen so zu lenken, daß es den Gegenstand ergreifen und mit ihm spielen kann (visomotorische Koordination).

Am Beispiel des Ergreifens einer Rassel werden elementare psychische Leistungen deutlich, die wiederum Voraussetzungen weiteren Lernens, steigender Handlungskompetenz und kultureller Aneignungsprozesse des Kindes sind. Das Kind kann eine Unterscheidung vornehmen zwischen seinem Körper (Körper-Ich) und dem Gegenstand, den es ergreifen will (Nicht-Ich). Es hat eine Vorstellung von seinen Körperfunktionen. Es streckt die Arme nach der Rassel aus, um die Rassel mit den Händen zu ergreifen, zum Mund zu führen und daran zu saugen. Es kann jetzt seine Aufmerksamkeit über eine längere Zeitspanne auf das Objekt seines Interesses richten, um damit zu spielen.

Ein Kleinkind von ungefähr eineinhalb Jahren kann auf allen Vieren eine Treppe hochkrabbeln. Gesichert durch die Hände der Mutter geht es die Treppe herunter. Dieses Kind ist dabei, sich ein neues Stück Selbständigkeit zu erobern. Den Treppenaufstieg schafft das Kind krabbelnd schon allein. Der Treppenabstieg, der sehr viel kompliziertere Koordinations- und Gleichgewichtsleistungen erfordert und mit Tiefenangst verbunden ist, verlangt noch Unterstützung. Diese Unterstützung durch die Erzieher ist Hilfe zum Selbständigwerden. Das Kind ist dabei, das Treppensteigen zu lernen und dadurch seinen Handlungsraum zu erweitern. Treppen werden für seine Aktivität bald keine Barrieren mehr sein.

Dieser eher motorische Handlungsaspekt erschließt sich in seiner Tiefe als Autonomieprozeß erst dadurch, daß der ihn begleitende psychische Prozeß beleuchtet wird. Der psychische Austauschprozeß, der mit diesem doppelten Autonomiegewinn von Eltern und Kind verknüpft ist, ist ein mehrfacher Verstärkungsprozeß. Die Eltern erleben die zunehmenden Kompetenzen des Kindes in der alltäglichen Realitätsmeisterung, wie das Kind selbst, als Fortschritte und Erfolge. Sie werden in ihrem Elternstolz durch das soziale Umfeld noch bestätigt. Die soziale Anerkennung, die die Autonomiefortschritte des Kindes begleitet, beeinflußt die Ausbildung seiner Einstellungen, seiner Leistungs- und Anstrengungsbereitschaft. Sie unterstützt den natürlichen Aktivitätsdrang des Kindes, der das Medium seiner Entwicklung ist.

Kindliche Entwicklung ist eine Geschichte wachsender Selbständigkeit. Das Ziel der Erziehung ist der autonome Mensch, der seine Wirklichkeit handelnd erlebt, selbst und gemeinsam mit anderen gestaltet. Erziehung als Prozeß der Gewinnung von Autonomie (Speck 1991) setzt voraus, daß Handlungsräume, Spielräume bereitgestellt werden oder verfügbar sind, in denen neue Handlungskompetenzen erprobt, geübt und gelernt werden können. Unter dem Gesichtspunkt der Autonomie betrachtet, zeigt sich der gesamte Erziehungsprozeß als konstanter Autonomiegewinn des Kindes und der Eltern, die sich mit zunehmendem Alter des Kindes fortschreitend von den Aufgaben der Erziehung emanzipieren können.

1.2. Kinder mit Behinderungen: Entwicklungsrisiken

Grundsätzlich haben Säuglinge, deren Entwicklung mit Risiken behaftet sind, die gleichen Bedürfnisse wie andere Säuglinge auch. Zusätzlich können bei diesen Kindern während der Schwangerschaft und/oder während der Geburt Komplikationen auftreten, die Risiken für ihre Entwicklung darstellen können. Zu den ersten Lebenserfahrungen eines „Risikobabys" könnte zum Beispiel ein längerer Inkubatoraufenthalt gehören. Ihr erstes Lebensjahr verbringen manche dieser Kinder zu einem guten Teil in Kliniken. Operationen sind oft notwendig.

Die Eltern hatten sich auf ihr Baby gefreut, wie sich alle Eltern freuen. Sie müssen sich auf eine unerwartete Situation einstellen, in der sie die vorweggenommene Elternrolle nur zu einem Teil übernehmen können und die psychischen Belohnungen, die mit diesen Aufgaben verbunden sind, nur teilweise erfahren. Die oben beschriebene aktive Gestaltung und Auseinandersetzung des Babys mit seiner direkten Umwelt, die Interaktionen mit den Eltern, findet in einem anderen Rahmen statt. Räumliche Trennungen und technische Mittel, die das Überleben des Kindes erst ermöglichen, können Bestandteile der frühen Mutter-Kind-Beziehung werden.

Es können aber auch relativ geringfügige Störvariablen sein, die das Gleichgewicht der Kind-Mutter-Interaktion nachhaltig beeinträchtigen. Ein gestörter Saug-Schluck-Reflex des Säuglings kann für Mutter und Kind eine Quelle von gegenseitigen Frustrationen, gescheiterten Versuchen der Bedürfnisbefriedigung und unerfüllten Erwartungen werden.

Forschungsergebnisse deuten darauf hin, daß sich die Austauschbeziehungen behinderter Kinder mit ihrer Umwelt von denen nichtbehinderter Kinder unterscheiden. Sarimski (1983, 1986) konnte in Interaktionen zwischen behinderten Kleinkindern und ihren Bezugspersonen eine Tendenz zu verstärkter Lenkung, Dominanz und Kontrolle durch die Bezugsperson aufzeigen. Damit kann eine Abnahme der Eigenaktivität des Kindes verbunden sein. Für die Lernprozesse des Kindes, die durch seine Schädigung oder Behinderung erschwert sind, könnte sich darin eine weitere Entwicklungsgefährdung andeuten.

Die Interaktion zwischen einem behinderten Kind und seinen Bezugspersonen kann natürlich eine völlig normale Eltern-Kind-Beziehung sein. Generell ist die Erziehung dieser Kinder allerdings einigen zusätzlichen Fallstricken ausgesetzt. Für das neugeborene Baby repräsentiert sich die Welt hauptsächlich in der Person der Mutter. In der Mutter, im mütterlichen Reagieren und Verhalten spiegelt das Kind sich selbst, entdeckt sich und seine sozialen Wirkungen, baut sein Selbstbild und sein Selbstgefühl auf. Die Wahrnehmungen und Gefühle der Mutter im Umgang mit dem Kind legen so die Grundlage der Selbstempfindungen des Kindes. Die Mutter lächelt das Baby an, hebt es aus dem Bettchen, nimmt es auf den Arm. Das Baby schmiegt sich an und wird von der Mutter gekost. Ein Moment der Hingabe und gegenseitigen Befriedigung wird von Mutter und Kind erlebt.

Ein Baby mit einer cerebralparetischen Schädigung kann den natürlichen Bedürfnissen der Mutter weniger entsprechen. Nehmen wir an, daß dieses Baby mit schlaffem Muskeltonus einer Körperseite (Hemiplegie) im Bettchen liegt. Möglicherweise dauert es länger, bis das Kind die Mutter erkennt, weil es Schwierigkeiten bei der optischen Fixierung des mütterlichen Gesichts hat (Augenmuskulatur und Kopfkontrolle). Das Lächeln des Kindes kann durch die Spastizität der Gesichtsmuskulatur verzerrt sein. Auf das Herausnehmen aus dem Bettchen reagiert das Kind mit pathologischen Reflexen. Die spastische Körperseite versteift sich. Das Kind kann sich zunächst nicht an die Mutter anschmiegen. Entscheidend sind in dieser Situation nicht die Bewegungsabweichungen des

Kindes, entscheidend ist, wie die Mutter ihr Kind in diesem Augenblick wahrnimmt, was sie dabei spürt und dem Kind über sich selbst spiegelt. Empfindet sie das spastisch verkrampfte Ärmchen als Abwehr oder weiß sie, daß sich das Kind in Momenten freudiger Erregung verkrampft und daß es ein bißchen Zeit braucht, bis es sich wieder entspannt? Zum Problem wird, daß die leibliche Reaktion des Kindes statt der Freude über die Nähe und das Spüren der Mutter eine reflexgebundene und so mißverständliche Botschaft aussendet. Weiß die Mutter von diesen Zusammenhängen? Wenn sie sie kennt, kann die Mutter dieses Wissen mit ihren Wahrnehmungen und ihrem Gefühl in Einklang bringen?

Es ist keine Frage, daß viele Eltern auch ohne dieses theoretische Wissen Wege einer guten Elternschaft finden. Andere Eltern brauchen dazu Hilfen und Unterstützung, um die Klippen der erschwerten Erziehung eines behinderten Kindes zu meistern, in der sich die gegenseitigen Bedürfnisse von Eltern und Kind weniger automatisch psychisch-biologisch verschränken, wie dies im allgemeinen bei nichtbehinderten Kindern der Fall ist.

Kleinkindliche Entwicklungsrisiken äußern sich zunächst in motorischen und sensomotorischen Auffälligkeiten. Das Verständnis frühkindlicher sensomotorischer Entwicklungsprozesse wurde durch die Arbeiten des Schweizer Biologen und Entwicklungspsychologen Jean Piaget vorangetrieben. Nach Ansicht Piagets (1975) zentriert das Kind die Welterfahrung auf seinen Körper und sein Handeln. Über die Logik des Tuns, die Verknüpfung sinnlicher Wahrnehmung und motorischer Aktivitäten (Sensomotorik) konstruiert das Kind schrittweise die Wirklichkeit (Dezentrierung), seine Realität. Auf der Grundlage sensomotorischer Konstruktion, durch den Aufbau von Ordnungs- und Verbindungsstrukturen erwirbt das Kind die „großen Kategorien des Tuns", die Schemata des permanenten Gegenstandes, des Raumes, der Zeit und der Kausalität (Piaget & Inhelder 1972, 23). Durch die Verknüpfung dieser basalen Schemata, durch fortschreitende Koordination werden neue Erfahrungsräume (Mund-, Tast-, Seh-, Hör- und Posituralräume), raumzeitliche Organisation und kausale Strukturierung des Tuns und die steigende Objektivierung der Wirklichkeit möglich. Das Kind beginnt sozusagen, sich selbst im Raum zu erleben. Es nimmt sich selbst in raumzeitlichen und kausalen Zusammenhängen wahr und handelt darin. Es lernt die Unterscheidung zwischen „Ich" und Welt („Nicht"-Ich), wird zum Handelnden in seiner Wirklichkeit, zum „Akteur seiner Entwicklung" (Kautter u. a. 1988).

Die Unterscheidung in mehr oder weniger getrennte sensorische und motorische Systeme, ihre wachsende Verknüpfung und letztendliche Verschmelzung bis zum Ende des zweiten Lebensjahres, ist eine theoretisch reizvolle und pädagogisch ergiebige Vorstellung, die das Verständnis kindlicher Entwicklung als einen Prozeß aktiven Handelns und der Verknüpfung zunehmend komplexerer Schemata geprägt hat.

Piagets Annahme, daß eine Stufe generalisierter sensomotorischer Koordination von Kindern erst etwa im Alter von zwei Jahren erreicht wird, sieht die Forschung im Lichte der Feststellung sensomotorischer Koordinationsleistungen in den ersten Lebenstagen neugeborener Babys heute kritisch (Bloch & Pellegrini 1989). Von einer funktionellen Autonomie sensorischer und motorischer Systeme kann danach nur bedingt ausgegangen werden. Eine strikte Vorstellung autonomer Reflextätigkeit ist durch diese Beobachtungen ebenso in Frage gestellt wie zeitlich gestufte Modelle kindlicher Entwicklung. Die theoretische Konzeption einer zunehmenden Koordination sensorischer und motorischer Funktionen bietet trotzdem, gerade hinsichtlich der Erziehung behinderter und von Behinderung bedrohter Kinder, wichtige Orientierungspunkte. Diese Kinder zeigen im frühkindlichen Alter Defizite ihrer sensomotorischen Koordinationsleistungen, Störungen der sensorischen und/oder motorischen Funktionssysteme, die im weiteren Entwicklungsverlauf zur Grundlage komplexerer Störungsbilder werden können.

Die Aufgabe der speziellen Erziehung dieser Kinder liegt darin, durch vielfältigste Anregungen, Möglichkeiten sinnlicher Wahrnehmung im Verbund mit motorischen und sozialen Erfahrungen, ihre Entwicklungschancen zu vergrößern und ihren Kompetenzhorizont zu erweitern. Zu den medizinisch-diagnostisch abgrenzbaren Störungsbildern der sensorischen und motorischen Funktionssysteme gehören zum Beispiel zentrale Lähmungen.

1.3. Cerebrale Bewegungsstörungen: ein Fallbeispiel

Zentrale Paresen sind Folgen von Schädigungen des Gehirns, die während der Geburt durch infektiöse Krankheiten im Kleinkindalter, Unfälle mit Schädel-Hirntrauma und anderes verursacht werden können. Je nach dem Grad der Schädigung kann es sich von kaum erfaßbaren Bewegungsstörungen bis hin zu schweren Behinderungen handeln.

Ähnlich weit ist die Spannbreite der Intelligenz von Kindern mit zentralen Paresen. Sie kann von hoher Intelligenz bis hin zu schwerer geistiger Behinderung reichen. Die motorischen Störungsbilder von Kindern mit cerebralen Paresen können in Kombination mit Sprach-, Lern- und Wahrnehmungsstörungen sowie auch mit sozio-emotionalen Entwicklungsauffälligkeiten auftreten.

Entgegen periodisch wiederkehrender Berichte von Heilungen cerebralparetischer Kinder, oft verbunden mit hohen Kosten für die Familien, gibt es keine Heilung von cerebralen Bewegungsstörungen. Allerdings kann der Zustand cerebraler Parese durch geeignete, besonders auch früh einsetzende pädagogische und therapeutische Maßnahmen, die das individuelle Störungsbild des Kindes mit seiner Persönlichkeit in seinem Lebenskontext berücksichtigen, wesentlich beeinflußt werden. Abhängig von ihrer Lokalisation im Gehirn werden drei Erscheinungsformen cerebraler Paresen unterschieden, die auch kombiniert auftreten können.

Spastische Lähmungen sind eine Folge kortikaler Schädigungen. Die Spastizität wirkt sich in einer Steigerung der Reflextätigkeit und als Tonusveränderung aus. Durch die gleichzeitige Kontraktion antagonistischer Muskelgruppen wird die Kontrolle von Bewegungsabläufen gestört. Einzelne Muskelgruppen sind ständig gespannt oder schlaff.

Athetosen resultieren aus Schädigungen der Basalganglien im subkortikalen Bereich des Gehirns. Bei athetotischen Störungsbildern kann der Muskeltonus sehr schnell von Anspannung zum schlaffen Tonus wechseln. Damit verbunden sind drehende unwillkürliche und intentional nicht beeinflußbare Bewegungen der Extremitäten.

Ataktischen Bewegungsstörungen liegt eine Schädigung des Kleinhirns zugrunde. Sie sind im Kern Koordinationsstörungen und äußern sich in Problemen der Haltungskontrolle und der Gleichgewichtshaltung. Kinder mit ataktischen Lähmungen fallen durch motorische Ungeschicktheit auf, haben Gleichgewichtsprobleme, zittrige Handbewegungen und eine unsichere Körperhaltung.

Dies sind nur kurze Beschreibungen der direkt motorischen Aspekte dieser Störungsbilder, die häufig in Kombinationen auftreten und in ihren sehr viel umfassenderen Auswirkungen verstanden werden müssen:

„Zentrale Paresen führen immer auch dazu, daß die Bewegungsempfindung in den betroffenen Extremitäten behindert ist. Damit bildet sich gerade bei Kindern mit kortikalen Lähmungen eine nur unzureichende Vorstellung von eigenen Gliedern und von deren Bewegungen aus (sensomotorische Störung; Körperschemastörung)" (Neuhäuser 1988, 16).

Die neuromuskulären Auffälligkeiten von Kindern mit Cerebralparesen treten in Kombination mit komplexeren Lernstörungen, Wahrnehmungsdefiziten und sozioemotionalen Problemen auf (Cruickshank 1976[3]). Die Erziehung dieser Kinder ist notwendig eine interdisziplinäre Aufgabe. Erst aus einer umfassenderen Betrachtung der Folgen cerebraler Lähmungen stellen sich die pädagogischen und therapeutischen Fragestellungen, die sie aufwerfen, in ihrer ganzen Vielfalt. Bewegung ist praktisch die Grundlage frühkindlicher Entwicklung. Für das Kind ist die Beherrschung seines Bewegungsapparates ein Teil seiner sich entwickelnden Autonomie und der Möglichkeiten des Erlebnisses seines eigenen Körpers, der Erfahrung der Welt und ihrer aktiven Gestaltung, längerfristig gesehen des Aufbaus von Werten, Haltungen und Einstellungen. Die pädagogisch-therapeutische Intervention bei Kindern mit cerebralen Bewegungsstörungen kann sich deshalb nicht auf einen funktionalen motorischen Zielaspekt beschränken. Sie muß in ihren weiteren Zusammenhängen gesehen werden:

„Bewegung vermittelt uns Hinweise auf Funktionsstörungen des Nervensystems. Als therapeutisches Medium beeinflußt Bewegung aber sehr viel mehr als nur cerebrale Funktionen. Sie hat weitreichende Auswirkungen im Erleben und Handeln, sowie für die allgemeine Entwicklung. Bei jeder therapeutischen Maßnahme ist es wichtig, die erforderliche Motivation zu erreichen. Durch die engen Verbindungen des limbischen Systems, das als ‚Zentrale' des emotionalen Verhaltens anzusehen ist, mit den Funktionskreisen des extrapyramidalen und kortikalen Bewegungssystems ist dieser Zusammenhang auch strukturell und funktionell zu begründen" (Neuhäuser 1988, 21).

Im Zentrum pädagogischer und therapeutischer Förderung bewegungsgestörter Kinder steht deshalb die Eigenmotivation, steht das Kind als Gestalter seiner Entwicklung.

Markus (8 Jahre): ein Fallbeispiel für cerebrale Bewegungsstörungen

Markus ist acht Jahre alt. Die Eltern berichten von einer zu frühen und komplizierten Geburt. Das erste Lebensjahr verbrachte Markus weitgehend in Kliniken. Die Klinikaufenthalte waren unter anderem wegen einer Herzoperation notwendig. Verschiedene andere Operationen mit längeren Krankenhausaufenthalten folgten in späteren

Jahren. Markus erhielt seit seinem zweiten Lebensjahr Frühförderung. Er hatte einen integrativen Kindergarten und eine schulvorbereitende Einrichtung besucht, bevor er, nach zweimaliger Einschulungsrückstellung auf Grund von Testergebnissen, in unsere Schule kam. Die Art seiner Behinderung versuchen wir anhand der Überpunkte Motorik, Wahrnehmung, Selbständigkeit, sozio-emotionale und kognitiv-intellektuelle Fähigkeiten zu beschreiben.

Motorik: Markus leidet an einer Tetraspastik. Sein ganzer Körper ist von spastischen Lähmungen betroffen. Er kann auf speziell geformten und für ihn angepaßten Stühlen sitzen, wenn der Oberkörper und die Hüftbeuge mit Gurten fixiert werden. Die Kopfkontrolle ist nur teilweise entwickelt, sie muß durch Kopfstützen und in freien Sitzpositionen durch den Betreuer unterstützt werden. Markus kann sich nicht zum Stand hochziehen, selbständig stehen oder gehen.

Feinmotorische Leistungen wie gezieltes Greifen, Zeigen, Halten, Loslassen bereiten Schwierigkeiten und erfordern Hilfestellungen durch die Betreuer. Störungen in der Hand-Handkoordination, Hand-Augekoordination erschweren oder verunmöglichen selbständiges Spielen mit Bausteinen, Autos, Lego, Playmobil und den meisten Dingen, mit denen Kinder in diesem Alter spielen, wenn Hilfestellungen nicht gewährleistet sind. Einen Farbstift oder Wachsmalkreiden zu halten und kontrolliert zu führen, ist für Markus schwierig.

Die Mundmotorik ist von den zentralen Lähmungserscheinungen betroffen. Markus muß gefüttert werden (Hand-Mundkoordination). Eine kontrollierte Lautbildung ist so weit erschwert, daß verbale Äußerungen nur zum Teil verständlich sind, beziehungsweise nur von den Menschen in seiner Umgebung verstanden werden, die Markus sehr gut kennen.

Wahrnehmung: Störungen der Wahrnehmung sind besonders bei Kindern mit einer Körperbehinderung schwer diagnostizierbar. Körperbehinderung und Wahrnehmungsstörung bedingen sich oft gegenseitig, überschneiden, vermischen sich und bilden so ein schwer entwirrbares Knäuel von Störungen. Die motorischen Koordinationsschwierigkeiten von Markus gehen Hand in Hand mit visomotorischen Defiziten und Figur-Hintergrund-Störungen auch im akustischen Wahrnehmungsbereich. Die Lateralität ist nicht ausgebildet, das Körperschema nur gering entwickelt. Taktile Wahrnehmungsstörungen und Störungen der Tiefensensibilität sind unter anderem eine Folge der erheblichen Bewegungseinschränkungen, mit denen Markus leben muß.

Selbständigkeit: In allen wichtigen Lebensäußerungen wie Essen, Trinken, Toilette, Körperpflege, Einkaufen und Fortbewegung ist Markus auf Hilfen angewiesen.

Sozio-emotionale Fähigkeiten: Markus ist ein aufgeschlossenes, interessiertes und fröhliches Kind. Er ist gerne unter Menschen, versteht alles, was um ihn herum geschieht und nimmt im Rahmen seiner Möglichkeiten aktiv am Geschehen seiner Umwelt teil. Durch einen gut entwickelten Humor zeigt Markus, daß er soziale Situationen genau erfaßt. Er nimmt von sich aus Kontakt zu Personen seiner Umgebung auf, wobei sich die Kommunikation auf Grund der eingeschränkten sprachlichen Äußerungsmöglichkeiten oft schwierig gestaltet. Geduld und Einfühlungsvermögen ist auf seiten der Kommunikationspartner nötig, um zu verstehen, was Markus mitteilen will. Er kann in solchen Situationen sehr ungehalten werden. Für die Menschen seiner Umgebung hat Markus ein feines Gespür und kann ihre Beziehung zu ihm meist präzise einschätzen.

Kognitive Fähigkeiten: Zwar ist seine Intelligenz auf der Meßschiene herkömmlicher Tests nicht zu messen, dennoch lassen sich bei Markus gute intellektuelle Möglichkeiten feststellen. Er verfügt über die Fähigkeit zu schlußfolgerndem Denken und zeigt eine gute abstrakte Merk- und Denkfähigkeit. Der Erwerb der Kulturtechniken ist auf Grund der motorischen Einschränkungen und der komplexen Wahrnehmungsstörungen erschwert. Bei konstanter Förderung im Lesen und Schreiben wird Markus elementare Fähigkeiten in diesen schulischen Leistungsbereichen entwickeln können. Im Rechnen verfügt er über einen Zahl- und Mengenbegriff.

Schlußfolgerungen: Es waren Kinder wie Markus, die durch ihre Einschulung in den siebziger Jahren das Erziehungsfeld mit ganz neuen Problemkonstellationen konfrontierten. Es wurden neue Fragen gestellt, kritische Bereiche erkannt und neue Wege der Erziehung dieser Kinder gesucht. Frühkindliche Erfahrungen, insbesondere die speziellen Bedingungen der sensomotorischen Entwicklung, wurden als Grundlage weiterer Entwicklungschancen erkannt und in ihrer zentralen Bedeutung für die Erziehung behinderter und von Behinderung bedrohter Kinder neu gewichtet. In den Mittelpunkt der Erziehung und frühen Förderung von Kindern wie Markus rückten Angebote sensorisch-motorischer Erfahrungen und Aktivitäten. Der methodische Rahmen dieser frühen Förderung wurde zunehmend im kindlichen Spiel gefunden. Zusammenhänge von Spiel und Erziehung werden im nächsten Kapitel diskutiert.

2. „Kinderspiel"

2.1. Begriffsspiele

„Ein Kinderspiel!", so sagen wir zu einer Aufgabe, die einfach zu lösen ist. Sprachliche Ausdrücke sind manchmal enthüllend. Eine Abwertung der Bedeutung von kindlichem Spiel ist durch nichts begründbar. „Kinderspiel" ist nicht einfach „Spielerei", überflüssiger Zeitvertreib. In seinem Handeln und Spielen erfährt das Kind sich selbst, probiert und übt seine Fähigkeiten, erlebt und gestaltet seine Welt. Es experimentiert, baut Zusammenhänge auf, löst Probleme, tauscht sich mit anderen aus, lernt Regeln kennen und einhalten. Kurz: Spielerisches Handeln ist das große Medium kindlichen Lernens. Die pädagogische Faszination von Spiel liegt darin, daß das Kind im Spiel, durch das Spielgeschehen, selbstmotiviert tätig ist und lernt. Dabei erlebt es Freude an seinem Tun, Funktionslust, und treibt sich so aus eigener Entscheidung an zu weiterem Handeln, zur Sicherung und Erweiterung seiner Fähigkeiten.

Nicht alles Lernen kann spielerisch erfolgen. Aber die großen kognitiven Fähigkeiten des Menschen scheinen doch auf grundlegenden handelnden Welterfahrungen des Kindes zu beruhen, die das Kind spielerisch erwirbt, in denen es seine Sinne schult und die Konzepte von Raum, Zeit, Kausalität und Permanenz aufbaut (Piaget 1975). Spielend entfaltet das Kind seine Intelligenz, seine schöpferischen Energien. Im Spiel liegt die Aktivität, der Entwurf seines Menschseins, ganz auf der Seite des Kindes. In den Worten von Maria Montessori, „. . . das Kind ist der Baumeister des Menschen und es gibt niemanden, der nicht von dem Kind, das er selbst einmal war, gebildet wurde" (Montessori 1972, 13). Das Kind als Baumeister seines zukünftigen Menschseins ist das spielende, das aktive Kind.

Wir wollen noch genauer fragen, worin die besondere pädagogische Faszination des Spiels liegt? Das spielende Kind befreit den Erzieher von Aufgabe und Anspruch, Motivation im Kind quasi von außen erzeugen zu müssen. Er kann Angebote machen, die Aktivitäten des Kindes begleiten, unterstützen und natürlich mitspielen. Die Freiheit der Entscheidung, ein Spiel zu spielen oder nicht zu spielen, ist auf der

Seite des Kindes. Grundsätzlich haben Kinder Freude am Spiel. Spiele, die Spaß machen, werden immer wieder gespielt und wiederholt. Ihr Ende wird eher schmerzlich empfunden. Schöne Spiele zu beenden fällt schwer. Spiele haben eine Tendenz zur zeitlichen Verlängerung (Scheuerl 1975). So können in einem bestimmten Alter Kinder ein Spiel, bei dem die Mutter ihr Gesicht abwechselnd hinter den Händen versteckt und dann wieder zeigt, nahezu unendlich oft wiederholen.

Ein weiterer Reiz von Spiel liegt darin, daß Spiele fiktiven Gehalt annehmen können. Ein Kind spielt Rennfahrer, Ritter oder Elefant und hat die Spiel-„Räume", die notwendig sind, um seinen ganzen Erfindungsreichtum in dieses Spiel einzubringen. Dabei besitzen auch fiktive Spiele Ernstcharakter (Spielernst) und bauen zwischen ihrer Ausgangs- und Endsituation Spannungen auf (Spieldynamik), die große Energien freisetzen können. Spiele besitzen eine Dimension der Unbestimmtheit und der Ungewißheit ihres Ablaufs und Ausgangs. Gefühle der Selbstüberwindung, der Selbstbeherrschung, der Erprobung des Selbst, der Selbstüberschreitung und Freiheit, mithin Erfahrungen, die das „Menschsein" auszeichnen (homo ludens), werden im Spiel erlebt.

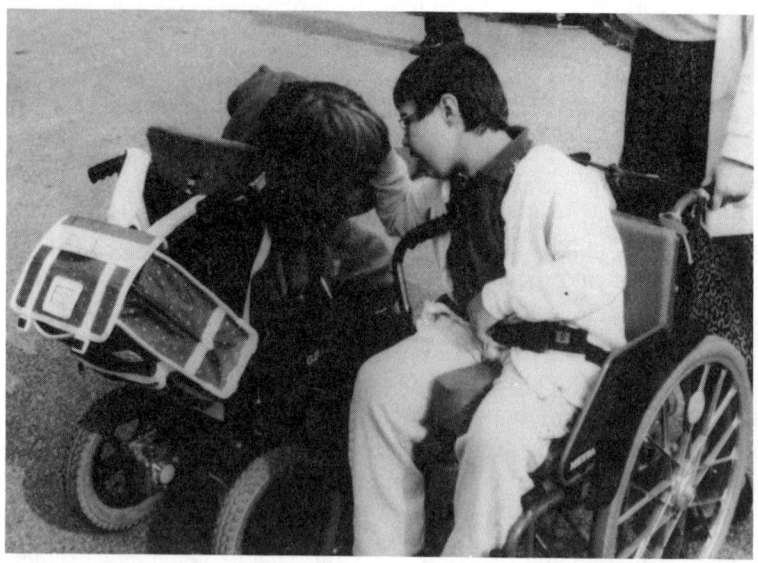

Abb. 1: Die Aufnahme von Körperkontakt: „ein schwieriges aber lohnendes Ziel".

Die Spiele behinderter Kinder enthalten grundsätzlich alle diese Elemente. Und doch gibt es individuell größere und kleinere Unterschiede. Ein Kind lernt: „Ich kann etwas bewirken!" und strebt danach, diese Wirkungen auszudehnen. Es entwickelt seinen Willen und sucht nach Wegen seiner Umsetzung. Kinder mit Behinderungen und/oder Entwicklungsverzögerungen zeigen oft ein verringertes Antriebsniveau, weniger Lust an der Aktivität. Oft sind es motorische Einschränkungen, die es diesen Kindern erschweren, ihre Ideen und Spielvorhaben zu verwirklichen.

Das Kind mit einer Körperbehinderung erlebt sich selbst und seinen Körper anders, als teilweise beherrscht von Reflexen, die es nicht kontrollieren kann, als Verursacher von Wirkungen, die es nicht erzielen will. Es fällt diesen Kindern schwerer, Gegenstände zu ergreifen, wenn sie das überhaupt können. Sie sind beschäftigt mit ihrer Körperkontrolle und der Bewahrung des Gleichgewichts. Kinder mit Körperbehinderungen erleben sich, im Rahmen ihrer Bewegungsbeeinträchtigungen, handelnd in ihrer Umwelt. Individuelle Faktoren und Lebensbedingungen sind ausschlaggebend dafür, wie diese Erfahrungen in das Selbstkonzept eingebaut werden.

Viele Spiele, die von Kindern quasi wie von selbst und in vielen Formen variiert werden, spielen behinderte Kinder erst, nachdem sie von außen dazu angeregt werden. Hetzer hatte in ihren Forschungsarbeiten bereits 1968 festgestellt, daß behinderte Kinder weniger spielen. Ein Grund dafür könnte gewesen sein, daß diese Kinder zu wenig Spielanregungen bekommen hatten. Viele Kinder mit einer Behinderung haben tendenziell einen geringeren Entdeckungsdrang. Funktionslust wird eher im Zusammenhang mit mehr stereotypen Handlungsabläufen erlebt. Dem Ausprobieren kreativer Spielformen und wenig strukturierter Spielangebote und Spielräume können Ängste vor dem Neuen und Unbekannten entgegenstehen. Neue Handlungssituationen wirken als Überforderung. Die Kinder bleiben lieber beim altbekannten Spielgerät, das sie beherrschen. Das Bedürfnis nach Sicherheit überwiegt die Lust an der Selbstüberschreitung. Spielen selbst wird für diese Kinder zum Ziel des Lernens und braucht fein bemessene Hilfen von außen. Spielgeräte müssen erst vertraut werden, der Umgang damit muß schrittweise mit Hilfestellungen gelernt werden. Martin Eckert berichtete eindrucksvoll von einer Erfahrung mit Anna, seiner mehrfachbehinderten Tochter:

„Ich spüre noch die verständnisvollen Blicke des Nachbarn, der manchmal zusah, wie ich Anna mit ihrem Kettcar traktierte, bis sie schließlich doch begriff, wie sie das Ding in Bewegung setzen konnte. Wir hatten ihr das Kettcar zum Geburtstag geschenkt und für einen Außenstehenden war es sicher schwer nachvollziehbar, daß es beim Üben immer wieder Tränen gab, mit denen Anna ihre Angst vor allem Neuen zeigte. Uns war in solchen Situationen auch oft zum Heulen zumute, aber inzwischen macht Anna mit Spaß ihre ersten Fahrversuche mit einem Fahrrad mit Stützrädern." (Eckert 1986, 10)

Spiel macht Freude, aber Spielen, so zeigt dieses Beispiel, muß auch gelernt werden, um diese Freude zu erleben. Das Beispiel zeigt, wie sehr behinderte Kinder angewiesen sind auf Anregungen von außen, auf Hilfen und Unterstützung. Annas Beispiel zeigt auch, welche Unsicherheiten die Erzieher bei solchen Hilfestellungen selbst durchleiden. Soll Anna wirklich zugemutet werden, daß sie in einem tränenreichen Prozeß lernt, mit einem Kettcar zu fahren? Sie könnte ja auch bei den Spielen bleiben, die ihr Spaß machen? Es gibt keine eindeutige Antwort auf diese Frage. Für Anna war das Fahren mit dem Kettcar die Voraussetzung für die Fahrversuche mit dem Fahrrad, die sie inzwischen durchführt. Ein glücklicher Ausgang! Und trotzdem bleibt es letztendlich Annas Entscheidung, wann und ob sie das Kettcar als Spielgerät annimmt. Die Erzieher können diese Entscheidung durch gute Hilfestellungen unterstützen. Sie können Anna diese Entscheidung aber nicht abnehmen. Es ist ihr Entschluß, das Kettcar als Spielgerät anzunehmen. Dieses Beispiel zeigt auch die ungeheure Dynamik, die sich zwischen Erziehern und Kind entwickeln kann, wenn wohlmeinende erzieherische Angebote den direkten kindlichen Bedürfnissen nicht entsprechen.

Das spielende Kind ist in vielfältige Lernprozesse eingebunden (Mitterbauer 1991). Es erlebt sich in der Ausschöpfung seiner Leistungsfähigkeit, der Erweiterung seiner Handlungsmöglichkeiten in seinem Lebensumfeld und baut darauf sein Selbstwertgefühl auf. Im Spiel werden motorische Muster erworben, die den Grad der Selbständigkeit des Kindes erhöhen. Spiel eröffnet dem Menschen aber auch Möglichkeiten der Selbstbeschäftigung, der physischen und psychischen Entspannung. Der Aufbau von Vorstellungen, Handlungsplanung und andere kognitive Prozesse werden im Spiel angeregt und gefördert. In sozialer Hinsicht werden im Mitspielen mit anderen soziale Erfahrungen gewonnen, soziale Verhaltensweisen spielerisch erprobt (Rollenspiel) und erlernt.

Dagegen könnte der Vorwurf einer „Pädagogisierung des Spiels" erhoben werden. Die Entdeckung der Kindheit, so lautet dieser

Vorwurf, war zugleich die Geburtsstunde einer Spielpädagogik, die Spiele nicht mehr zuläßt, sondern in ein Erziehungsprogramm einbaut und nach Vor- und Nachteilen beurteilt (Berg 1990, 440). Das Spiel geht seiner Freiheitsgrade verlustig und wird „instrumentalisiert" zum Zwecke pädagogischer Absichten. Spiele werden Lernspiele, mit der Betonung auf Lernen statt auf Spielfreude.

Diese Kritik trifft die Pädagogik natürlich ins Mark. Schließlich, jeder Pädagogik geht es um Ziele. Das Angebot zu spielen, das in der Erziehung behinderter Kinder so betont wird, ist durchaus nicht zweckfrei gedacht. Dabei ist zu bedenken, daß die Zweckhaftigkeit von Spiel aus der Perspektive von Erziehern und Kind völlig anders bewertet werden kann. Es ist nicht notwendigerweise ein Konflikt, wenn beide ganz unterschiedliche Zwecke mit dem gleichen Spiel verfolgen. Spielen ist grundsätzlich eine lustvolle Tätigkeit und verspricht durch die starke Motivation, mit der es verbunden ist, Lerngewinn, ohne daß sich der Spieler dieses Zweckes bewußt ist oder sein muß. Darin liegt die pädagogische Faszination von Spiel, daß im Spiel einerseits das Kind selbst aktiv ist und daß andererseits eigene Aktivitäten von einer allgemein höheren Aufmerksamkeit begleitet werden, Reize intensiver verarbeitet werden. Über eigene Aktivitäten organisiert sich die „Springflut der Empfindungen" zu Wahrnehmungen, die miteinander verknüpft und bewertet werden (Augustin 1990, 172). Lernerfahrungen, die auf Eigenaktivität beruhen, sind stärker emotional gefärbt und gedächtnismäßig verankert. Im Spiel wird das Kind selbst aktiv, zu Leistungen bereit, die ihm nicht aufgezwungen oder abgerungen werden müssen, sondern die es selbst erbringen will, zu denen es sich selbst motiviert über eigenes Interesse. Durch Eigenerfahrungen, die das Kind im Spiel erwirbt, gewinnt es Grundlagen seiner weiteren Entwicklung, schafft sich seine Lerngeschichte, gewinnt Selbstvertrauen und Sicherheit.

2.2. Neurologische Aspekte

In der historischen Perspektive zeigen neurologische Theorieansätze eine klare Tendenz von passiven (reflexgebundenen) Vorstellungen hin zu einer Konzeption des Nervensystems als eigenständigem aktiven Organ (Benton 1988). Im Zusammenhang mit gestaltpsychologischen Theorieansätzen griff die Vorstellung eines aktiv die Wahrnehmung organisierenden Nervensystems immer mehr Raum. Der russische Neuropsychologe Lurija (1973) erfaßte dies mit dem Begriff des „working brain". Er beschrieb das aktive Gehirn als ein strukturiertes Netzwerk, in dem Regulierungs- und Kontrollprozesse über Verbindungen zwischen neuralen Strukturen und ihren funktionalen Zusammenhängen ablaufen können.

Noch stärker wird der Aspekt der Eigenaktivität des Nervensystems in den Forschungsarbeiten der chilenischen Neurobiologen Maturana & Varela (1987). Ausgehend von der molekularen Struktur aller Organismen, sprechen sie von der autopoietischen Organisation aller Lebewesen. Autopoiese ist die Fähigkeit von Organismen, sich selbst immer wieder neu zu erzeugen, neue Strukturen der Selbstorganisation in Abstimmung mit den Veränderungen ihrer Umwelt zu bilden. In diesem Sinne verbinden sich in der autopoietischen Organisation des Nervensystems Abhängigkeit und Autonomie zwischen System und Umwelt. Diese strukturelle Dynamik, ihre unbegrenzte Flexibilität, sichert, durch die Fähigkeit sich ständig neu zu reproduzieren, das Überleben von Organismen.

Auf dieser theoretischen Basis läßt sich die kindliche Entwicklung auch als neuraler Prozeß beschreiben, in dem das Kind aktiv an der Strukturierung und Regulierung seiner Umgebung und seiner eigenen Lernprozesse beteiligt ist, in dem es aber auch Grenzen erlebt, die ihm durch seine Umwelt gesetzt sind, und an die es sich anpassen muß. Lernen ist also ein aktiver und konstruktiver Prozeß. Das ganze Nervensystem ist auf Aktivität ausgerichtet. Lernen ist an Aktivität gebunden und setzt angemessene kortikale Aktivierung voraus. Der aktive Lerner lernt wirklich, während das passive Kind nicht lernt (Kirk 1983, 262).

Die Aufgabe der Erziehung von Kindern mit einer Behinderung ist es deshalb, ihnen Türen zu öffnen, durch die sie aus ihrer häufig beobachtbaren Passivität treten können, hinein in konstruktive Aktivitäten, in denen sie sich selbst handelnd neu organisieren, ihre Autonomie in Abhängigkeit erweitern können (Speck 1991). Das Spiel ist auch aus dieser Sicht eine große pädagogische Chance.

2.3. Subjektive Verständnisversuche: „Mit anderen Augen sehen"

Die Heilpädagogik erlebte in den letzten Jahren einen wichtigen Perspektivenwechsel. In der Abkehr von defizit-orientierten Behinderungsvorstellungen traten Lebenswelt- und Kontextbedingungen von Behinderung zunehmend in den Mittelpunkt heilpädagogischer Reflexion und Praxis (Speck 1988). Neue Betrachtungsweisen und Wertungschancen wurden dadurch eröffnet. In der Literatur wurde die einseitige Betonung von Förderung und Therapie als „Sackgasse" beschrieben, als „aussichtsloser Kampf", die Grenzen der Behinderung nur überwinden und hinausschieben zu wollen, statt sie auch zu akzeptieren (Luxburg 1991, 7). Ein Kampf gegen etwas, dahinter mögen beste pädagogische Absichten liegen, ist eine negative Orientierung. Im „Be-Kämpfen" liegen begrenztere Identitätschancen als in einem Annehmen der Behinderung, bei gleichzeitigem Lernen von Fähigkeiten und Steigerung von Handlungskompetenz im individuellen Lebensfeld. Das Annehmen und Akzeptieren einer Behinderung ist gewiß ein schmerzlicher Prozeß. Er ist es auch für die Eltern, Erzieher und Therapeuten, die in der Gefahr stehen, über wohlmeinende Förderabsichten die Akzeptanz und die soziale Anerkennung des behinderten Kindes an dessen Therapieerfolgen festzumachen. Die Kinder sind davon bedroht, innerhalb festgelegter Förderpläne, Förderziele und Therapien zu Objekten externer Zielvorgaben und Normalisierungsvorstellungen zu werden.

Eine Alternative zu einem reinen Förderkonzept sind Spielräume, in denen auch behinderte Kinder Möglichkeiten kreativer und eigenaktiver Tätigkeit ausprobieren können. Nichtbehinderte Kinder finden viele Orte und Räume, die ihnen Gelegenheit zu eigenständigem Handeln anbieten, oder sie schaffen sich selbst kreative Möglichkeiten dazu. Kinder mit Behinderungen finden solche Angebote sehr viel seltener. Für ein Kind, das an einen Rollstuhl gebunden ist, gibt es auf öffentlichen Spielanlagen kaum ein Spielgerät, das es nützen könnte. Die Chancen dieser Kinder, selbst kreative Situationen zu schaffen, in denen sie spielerisch handeln können, sind durch ihre Behinderung eingeschränkt. Dabei sind gerade sie in ihrer körperlichen Entwicklung und psychosozialen Entfaltung mindestens so sehr auf vielfältige Körpererfahrungen und Spielräume angewiesen, wie ihre nichtbehinderten Spielkameraden.

Das praktische Erziehungsgeschehen mit körperbehinderten Kindern ist gekennzeichnet durch kleine Schritte, mühsame, oft als langsam erlebte Entwicklungsprozesse. Ein Wesensmerkmal spezieller Erzie-

Abb. 2: „Wo kann ich spielen?" – „Ausgeschlossen!"

hung behinderter Kinder ist es, daß sich der Erzieher immer wieder neu bewußt machen muß, was die Aufgaben, die dem individuellen Kind gestellt sind, und die Aufgaben, die es sich selbst stellt, von ihm verlangen. Dies ist ein subjektiver, teils spekulativer Verständnis- und Entschlüsselungsprozeß, der sich nicht auf empathisch-einfühlendes „Sich-hinein-Denken" in das Kind beschränkt. Das sind Versuche, die Welt aus der Perspektive des Kindes zu sehen, mit aller Vorsicht gedacht, „einzusteigen" in seine Bedeutungsstrukturen. Notwendige Voraussetzung für dieses Verständnis ist die Erkenntnis der komplexen Anforderungsstruktur jeder einzelnen Aufgabe, bezogen auf den individuellen Leistungsstand des Kindes und die Interpretation desselben durch das Kind. Über die Kommunikation solcher subjektiv-interpretativen Verständnisprozesse werden kindliche Reaktionsweisen in Aufgabensituationen nachvollziehbar.

Wir können uns dies an einigen Alltagserfahrungen verdeutlichen, in denen Menschen mit intaktem Bewegungsapparat sehr unterschiedliche Reaktionen zeigen. Denken wir an einen Rummelplatz. Bereits die Vorstellung, mit der Achterbahn einen Looping zu fahren, genügt vielen von uns, um körperliche Streßsymptome (beschleunigter Herzschlag, Schwitzen) zu entwickeln. Allein die Vorstellung ist mit Ängsten verbunden und das Fahren mit einer Achterbahn wird entschieden abgelehnt, obwohl die reine Imagination einer Achterbahnfahrt vielleicht sogar eine gewisse Attraktion ausübt. Man könnte versuchen, sich selbst zu instruieren, durch Rationalisierung die Angst zu mindern: Die technischen Anlagen wurden vom TÜV abgenommen; Tausende fuhren mit derselben Bahn und es ist nichts passiert; die Wagen sind fest verankert in der Schiene. Andererseits ist aber das Spielen mit einem Gefühl des körperlichen Kontrollverlustes offensichtlich für viele Menschen mit großen Lustempfindungen verbunden, weshalb technisch immer aufwendigere Achterbahnen konstruiert werden.

2.3.1. Franzis Weg über die Hängebrücke

Ganz ähnliche Gedanken könnte Franzi, ein Kind mit spastischen Lähmungen, bei der Entscheidung haben, ob er sich auf eine Hängebrücke wagen soll oder nicht. Hinzu kommt vielleicht noch eine Angst vor einem Kontrollverlust über den eigenen Körper, denn Franzi hat gelernt, daß er sich in gefährlichen Situationen nicht voll auf seinen Körper verlassen kann. Gerade in spannenden und problematischen Situationen treten spastische Reflexsteigerung und Tonuserhöhung verstärkt auf und beeinträchtigen die willentliche Bewegungskontrolle. Franzi weiß, daß er selbständig nur mühsam aufstehen kann, wenn er gefallen ist. Besonders schwierig ist das Aufstehen auf einer flexiblen Unterlage, wie der Hängebrücke. Zum Mut, den Franzi aufbringen muß, um die Hängebrücke zu betreten, braucht er deshalb unter Umständen auch noch Vertrauen zur Erzieherin, die den Weg über die Hängebrücke begleitet und im Notfall hilft. Franzi muß sich entscheiden, ob er diesen Mut, dieses Vertrauen aufbringen will. Die Erzieherin kann ihm ihre Unterstützung anbieten und ihn dadurch ermutigen.

Körperbehinderte Kinder machen im allgemeinen weniger Bewegungserfahrungen als gleichaltrige Kinder ohne Bewegungseinschränkungen. Es ist also gut möglich, daß Franzi beim Betrachten der Hängebrücke zwar deren Bewegung erkennt, aber von der dreidimensionalen Bewegung (nach oben, nach unten und seitlich schwingend) nur eine annähernde Vorstellung hat. Das Fehlen von Konzepten – mithin von klaren Erwartungsstrukturen, der geistigen Vorwegnahme

Abb. 3: Höchste Aufmerksamkeit und Konzentration und die Entschlossenheit „Ich komme über die Brücke!", aber auch Spaß an der schwierigen Aufgabe sieht man Franzi an. Auf diesem wackligen Untergrund verlangt jeder Schritt bewußte Bewegungsplanung und Mut, denn jeder Schritt verlangt neue Anpassung.

von Handlungskonsequenzen – als Folge von Erfahrungsdefiziten kann Angst auslösen und gleichzeitig das Erlebnis neuer Erfahrungen blockieren.

Franzi hat Mut! Er beschließt, einen Versuch zu wagen, die Hängebrücke zu überqueren. Vorsichtig hält er sich am Handlauf des Brückengeländers fest. Beim Betreten der Hängebrücke setzt schnell die dreidimensionale Bewegung dieses Spielgerätes ein. Die seitlichen Schwingbewegungen verstärken sich. Volle Konzentration ist gefordert. Franzi hat für diese Aufgabe nur zum Teil angemessene automatisierte Bewegungsmuster abrufbar. Er muß jeden Schritt genau planen. Die notwendigen Anpassungsbewegungen des ganzen Körpers sind nur teilweise als Reiz-Reaktionsmuster gespeichert. Die Bewegungsempfindungen, die Informationen und Eindrücke, die seine Rezeptoren zum Gehirn leiten (Propriozeption), sind beeinträchtigt und erschweren die neurale Organisation der Bewegungskoordination. Franzi kann sich nicht auf mehr oder weniger verläßliche Reiz-Reaktions- und Reflexmuster verlassen. Er beginnt mit bewußter motorischer Handlungsplanung. Dabei muß er seinen spastisch erhöhten Muskeltonus in die Bewegungsplanung und -ausführung integrieren. Die Aufmerksamkeit ist zunächst darauf gerichtet, einen sicheren Halt auf der beweglichen Unterlage zu gewinnen. Am festen Geländer kann sich Franzi festhalten und mit Hilfe der Arm- und Rumpfmuskulatur einen festen Stand gewinnen. Aus dieser gesicherten Position heraus wird der nächste Schritt geplant. Franzi bewegt sich jetzt in Richtung auf das andere Ende der Hängebrücke. Jeder Schritt wird abgesichert durch Festhalten am Geländer. Zwischen diesen Bewegungsabläufen wird der feste Stand gesucht und aus gesichertem Stand heraus das Wagnis der nächsten Bewegungen geplant. Die Koordination der einzelnen Bewegungen, ihr Zusammenspiel, erfordert hohe Konzentration. Wenn Franzi das Ende der Hängebrücke erreicht hat, schwitzt er vor Anstrengung. Er hat ein Abenteuer bestanden!

2.3.2. *Alltagsvergleiche*

Auch an dieser Stelle wollen wir versuchen, vergleichbare Alltagssituationen heranzuziehen, um uns besser in die Vielschichtigkeit koordinierter Bewegungsabläufe und ihrer psychischen Begleitumstände hineindenken zu können. Die erste Stunde in der Fahrschule. Das Lenken des

Fahrzeugs, Gasgeben, Bremsen, Kuppeln, Schalten, Blinken, Geschwindigkeiten einschätzen und kontrollieren, in den Rückspiegel schauen und den Gegenverkehr berücksichtigen erfordert komplexe Koordinationsleistungen und die Fähigkeit, gleichzeitig viele schnelle Entscheidungen zu treffen und motorisch umzusetzen. Die erste Fahrstunde erfordert höchste Konzentration und ist nichtsdestoweniger die lustvolle Erfahrung der Kontrolle über ein fahrendes Auto. Mit zunehmender Übung wurden diese Tätigkeiten routinisiert, d.h. von der bewußten Handlungssteuerung aus entwickelten sie sich zu automatisierten Handlungssequenzen, zu Schemata, die in Normalsituation bei geübten Autofahrern weitgehend unbewußt ablaufen.

Hier stellen wir auch eine Differenz fest, die sich auf Franzis Hängebrückenerlebnis beziehen läßt. Ein nichtbehindertes dreijähriges Kind würde vor der Hängebrücke innehalten, dieses Spielgerät begutachten und eine Entscheidung treffen, ob es die bewegliche Brücke überqueren will. Hat es sich einmal dazu entschlossen, dann wird es zuerst vorsichtig, langsam und Schritt für Schritt jede Bewegung kontrollierend, auf die andere Seite gehen. Bei der dritten und vierten Wiederholung wird das Kind bereits in schnellem Lauf die Hängebrücke überqueren. Es hat sich ein Konzept der Bewegungen dieser Brücke erworben und Bewegungsmuster aufgebaut, die eine sichere Überquerung der Hängebrücke erlauben, abgespeichert und automatisiert. Auf dieser Grundlage kann das Konzept „Hängebrücke" dann generalisiert werden.

Für Franzi sind solche Lernprozesse ganz offensichtlich sehr viel schwieriger. Sie sind aufgespalten in mehr Teilschritte, die zusammengeschlossen werden müssen und vielfache Wiederholungen brauchen, bis sie auf dem jeweils erreichbaren Niveau einigermaßen automatisiert ablaufen können. Und trotzdem hat Franzi auf der Hängebrücke Spaß, erlebt eine Herausforderung an seinen ganzen Organismus, die er erfolgreich bewältigt.

In diesem Erfahrungsunterschied zwischen nichtbehinderten Kindern und Kindern mit Behinderungen steckt ein Problem, auf das in anderem Zusammenhang Stanovich (1986) unter dem Begriff „Matthäus Effekt" hingewiesen hat. Er zitiert aus dem Matthäusevangelium (25, 29): „Denn wer hat, dem wird gegeben, und er wird im Überfluß haben; wer aber nicht hat, dem wird auch noch weggenommen, was er hat." Übertragen auf unsere Überlegungen heißt das, daß sich bewegungsgeschickte Kinder mehr bewegen, in ihren Bewegungserfahrungen mehr Erfolge und soziale Anerkennung finden, insgesamt von Bewegungsangeboten mehr profitieren können, als Kinder mit Entwicklungsrückständen. Pädagogisch-therapeutisch ist daraus abzuleiten, daß eben diesen Kindern besonders vielfältige und anregende Bewegungsangebote bereitgestellt werden müssen, um ihren Anspruch auf Entfaltung ihrer Entwicklungspotentiale einlösen zu können.

Ein anderes Beispiel, das sich als Vergleich anbietet, ist das Skifahren. Der erste Tag auf Skiern ist eine Körpererfahrung, bei der bewußte motorische Handlungsplanung im Vordergrund steht. Zunächst geht es darum, aus einem sicheren Stand auf den Skiern heraus Bewegungen zu planen und auszuführen. Die ersten Vorwärtsbewegungen mit diesem ungewohnten Fortbewegungsmittel enden meist in Stürzen. Das Aufstehen führt oft ohne Übergang zum Sturz auf die andere Seite. Trotzdem, müde und geschafft schaut auch der Skianfänger auf einen meist lustvoll verbrachten Tag zurück.

Körperbehinderte Kinder mit einigermaßen sicherem Stand können begeisterte Skifahrer sein. Durch den Halt, den sie in Skischuhen finden, durch das Gewicht von Ski und Schuhen und die Auflagefläche des Skis sichern sie ihren Stand und erleben z. B. bei einfachen Hügelabfahrten das Erlebnis der Beschleunigung des eigenen Körpers. Im Kern ist dies eine ähnlich körperliche Lustempfindung, wie sie der fortgeschrittene Skifahrer beim Abfahren einer Hügelpiste erlebt. Im Vergleich mit den alltäglichen Körpererfahrungen, die wir machen, sind dies angenehm erlebte Bewegungserfahrungen, die im Fachbegriff „vestibuläre Stimulation" genannt werden. Surfen, Segeln, Tauchen, Rollerskating, Skateboardfahren, in all diesen Tätigkeiten, den Bewegungen, die sie erfordern und ermöglichen, steckt dieser Kern einer lustvoll erlebten Körper-, Gleichgewichts- und Bewegungserfahrung, der vestibulären Stimulation als einer gesamtorganismischen Erfahrung.

Gerade Kinder zeigen einen ungestümen Bewegungsdrang. Lernen, im weitesten Sinne, baut sich in der frühen Kindheit über Bewegung auf. Über Tätigsein und aktives Handeln erwirbt das Kind zunehmende Kompetenzen und erfährt gleichzeitig seine Lebenswelt in ihrer größeren Komplexität. Über Bewegungserfahrungen und ständige Wiederholung von Bewegungen bilden sich steigende Gedächtnis-, Wahrnehmungs- und Konzentrationsleistungen aus, festigen sich zunehmend kompliziertere und automatisierte Bewegungsmuster. Gleichzeitig sind diese Anregungen und Aktivitäten auch die Grundlage der organischen Ausdifferenzierung des Nervensystems.

2.4. Hilfestellungen: „pädagogische Zurückhaltung"

„Hilf mir, es selbst zu tun!", so lautet ein Leitspruch der Montessori-Pädagogik. Aus der Sicht des Kindes drückt dieses Motto aus, worin der Zweck von Hilfestellungen liegt und worin sie sich selbst begrenzen müssen. Auf einem Spielplatz, auf dem behinderte Kinder spielen, werden Hilfen, trotz angepaßter Spielgeräte, unabdingbar bleiben. Wie diese Hilfen gestaltet werden sollten, ist allerdings gründlicher Überlegung wert. Ursula Hagemeister berichtete kürzlich von einem Erlebnis, das hierzu interessante Hinweise gibt:

> „Ich stand mit einer Schulleiterin im Gespräch auf dem Flur, als ich sah, wie ein kleiner Schüler mühsam versuchte, die Treppen nach oben zu erklimmen. Meinem spontanen Impuls folgend lief ich hinterher, um ihm zu helfen. Zugleich hörte ich die Stimme der Schulleiterin: ‚Lassen Sie das. Er schafft es allein.' ‚Meine erste Reaktion war: Wie unbarmherzig! Die folgende pädagogische Überlegung gab der Schulleiterin recht: Er schafft es, auch mit Anstrengung, und das Wissen um das Schaffen gibt ihm das, was wir anstreben: Selbständigkeit, Selbstwertgefühl, Unabhängigkeit" (Hagemeister 1991, 5).

Menschen, die einen Helferberuf ergreifen, wollen helfen. Dieses ethische Motiv beinhaltet Problemstellungen, deren sich die Helfer bewußt sein sollten. Gute Hilfe wird angeboten, sie setzt ein, wenn sie notwendig ist und angenommen wird. Das pädagogische Ziel von Hilfe ist in jedem Fall die Steigerung der Selbständigkeit, Selbsttätigkeit, in bestimmten Fällen die Vermeidung einer Gefährdung. Gute Hilfe ist knapp bemessen. Ein Übermaß an Hilfen bewirkt Abhängigkeiten und Hilflosigkeiten, die einer pädagogischen Begründung von Hilfestellungen widerspricht. Sinnvolle Hilfestellungen für Kinder auf einem Spielplatz unterstützen ihre Handlungsfähigkeit, fördern ihre Chancen, selbst aktiv zu werden. Die Hilfe, die ein Kind im Rollstuhl beim Einstieg in die Rollstuhlschaukel braucht, ist die notwendige Voraussetzung für die Erfahrung dieser Spielaktivität. In anderen Situationen können Hilfestellungen als Schutzmaßnahmen notwendig sein, wenn beispielsweise ein Kind keine Höhenangst empfindet und sich in riskanten Kletterexperimenten versucht.

Hilfen und Hilfestellungen orientieren sich also am Grundsatz der Knappheit. Gute Hilfestellung schränkt das Kind nicht ein, sondern vermittelt dem Kind Sicherheit. Statt allgemeiner Hinweise („Das ist gefährlich!", „Komm herunter!") werden klare Hinweise gegeben, die dem Kind die Beherrschung des Spielgerätes erleichtern („Versuche es zuerst mit diesem Fuß!", „Du kannst dich hier festhalten!"). Solche Hilfen unterstützen die Kinder dabei, eigene Spielerfahrungen zu machen, es selbst zu tun. Sie finden und erleben Räume, in denen sie ihren Körper ausprobieren können, in denen sie sich selbst Aufgaben stellen, Spiele erfinden und Probleme lösen.

Der Schweizer Heilpädagoge Paul Moor (1960) beschrieb diesen Zusammenhang treffend als „pädagogische Zurückhaltung", die gleichberechtigt neben dem „pädagogischen Zugriff" stehen muß. Die Koppelung der zwei Begriffe beugt jedem möglichen Mißverständnis von pädagogischer Zurückhaltung und bloßem Gewährenlassen vor. In diesem „Sichzurückhalten" des Erziehers gegenüber den Kräften und Fähigkeiten des Kindes äußert sich der Respekt vor der Autonomie und der Persönlichkeit des in seiner Lebenswelt handelnden Kindes. In diesem Handeln in seinen Lebenszusammenhängen erfährt und gestaltet das Kind seine Wirklichkeit. Dieser Prozeß ist das Medium seiner Entwicklung. Darin liegt der Sinn des kindlichen Spiels. Das pädagogische Zurücktreten gibt dem Kind den Raum, die ihm möglichen Handlungsstrukturen aufzubauen, „es selbst zu tun", sich selbst zu erziehen.

3. Die Entstehungsgeschichte unseres Spielplatzes: Ende gut, alles gut?

3.1. Ein neuer Personenkreis körperbehinderter Kinder

In den späten sechziger Jahren wurden in unserer Einrichtung vor allem Kinder mit Poliomyelitis (Kinderlähmung), Skoliose, Muskeldystrophie, Dysmelien (Contergarnschädigungen), Schädelhirntraumata, Knochenbrüchigkeit und wenige Kinder mit leichten Cerebralparesen beschult. Die schulischen Erziehungsziele für diese Kinder orientierten sich am Lehrplan der Regelschule. Therapeutische Maßnahmen zielten auf Hilfen zur Selbständigkeit: Funktionstraining mit Werkarbeiten, speziellen Spielen, Essen, Körperpflege, An- und Ausziehen. Ein wichtiges therapeutisches Ziel war die Förderung der Grob- und Feinmotorik (z. B. Schreibtraining).

Spätestens mit Beginn der siebziger Jahre erlebten wir eine rapide Veränderung der Population körperbehinderter Kinder. Als Folge der Reihenschutzimpfungen traten beispielsweise Fälle von Poliomyelitis nur noch sehr selten auf. Fortschritte in der medizinischen Technik und in der Geburtshilfemedizin vergrößerten die Lebenschancen von Babys mit immer früheren Geburtsterminen und Kindern mit Geburtstraumata. Ein Teil dieser Kinder zeigten nach der Geburt cerebral bedingte Bewegungsstörungen, insbesondere spastische Symptome.

Die cerebral bewegungsgestörten Kinder wurden zunächst von keiner der traditionellen Behinderungskategorien erfaßt. Mit ihren speziellen Lernstörungen und motorischen Behinderungen fielen sie durch das Raster des, nach Behinderungsarten aufgeteilt, sich neuentfaltenden sonderpädagogischen Systems. Die Diskussion um eine möglichst frühe Förderung behinderter Kinder hatte gerade erst begonnen. Was geschah mit diesen Kindern? Manche Eltern, aus vielerlei Gründen, versuchten eher, ihr behindertes Kind zu verstecken, schirmten die Familie von der Außenwelt ab. Nicht wenige Eltern suchten Kontakt zu anderen betroffenen Familien, gründeten Elternvereinigungen, eigene Einrichtungen und Schulen für ihre behinderten Kinder. Auch noch in der Nachbetrachtung ist das Engagement und der persönliche Einsatz vieler Eltern cerebralparetischer Kinder bewundernswert, die selbst den täglichen Transport ihrer Kinder in unsere Schule übernahmen. Unter diesen Kindern waren auch die ersten „schweren Fälle" von Spastizität, mit denen wir konfrontiert wurden.

3.2. Neue Herausforderungen: erste Schritte

Immer mehr Kinder mit cerebral-bedingten Bewegungsstörungen wurden in unsere Einrichtung eingeschult. Bei aller persönlichen Einzigartigkeit des kleinen Markus (siehe Fallbeispiel Kapitel 1), bei allen individuellen Unterschieden, die wir bei ähnlich behinderten Kindern beobachteten, sein Störungsbild war kein Einzelfall.

Gleichzeitig mit der Zunahme von Kindern mit spastischen Lähmungen wurde eine andere Gruppe von Kindern mit auffallenden Lernstörungen entdeckt, die mit den unterschiedlichsten Begriffen wie „minimale cerebrale Dysfunktion" (MCD), „minimal brain dysfunction" (MBD), „wahrnehmungsgestört", „hyperaktiv" usw. bezeichnet wurden. Überraschenderweise zeigten diese Kinder, bei großen Differenzen in den individuellen Störungsbildern, ganz ähnliche Lernauffälligkeiten wie die Gruppe der cerebral-paretischen Kinder. „Minimal", im Vergleich mit den spastisch gelähmten Kindern, war die Behinderung der Kinder mit dem diagnostisch unklaren Label „MCD" hinsichtlich ihrer motorischen Defizite. Auch diese Gruppe von Kindern, mit ihren komplexen, manchmal diffusen Störungsbildern, wurden in zunehmendem Maße in unserer Einrichtung beschult.

Mit der Veränderung der Schülerpopulation standen wir vor neuen Aufgaben. Wir waren aufgefordert, eingespielte Wege der Erziehung und Therapie zu verlassen, um den „neuen" Kindern gerecht zu werden. Ein langer Lernprozeß begann! Neue, realistische Wege und Ziele der therapeutischen und erziehlichen Arbeit mit diesen Kindern mußten gefunden und entwickelt werden. Eine allzu enge Orientierung an traditionellen Konzepten schulischer und therapeutischer Förderung, das lernten wir in der erzieherischen Herausforderung durch die „neuen" Kinder, mußte durchbrochen und ergänzt werden.

Viele Kinder, die in unsere Einrichtung kamen, hatten lange

Krankenhausaufenthalte hinter sich. Als Folge ihrer Behinderung verbrachten sie eine Kindheit, in der sie nur eingeschränkte Bewegungsmöglichkeiten und Gelegenheiten zu spielen hatten. Lernerfahrungen, die sich aufbauen auf einer aktiven Wahrnehmung und Gestaltung der Umwelt, waren diesen Kindern erschwert. Daraus leiteten wir erziehliche und therapeutische Zielvorstellungen ab. Die Kinder sollten Möglichkeiten finden, selbständig oder mit so wenig Hilfestellung wie möglich in spielerischer Form tätig zu sein. Durch Material- und Bewegungserfahrungen sollten sie eine Grundlage für den Erwerb komplexerer Handlungsmuster in allen psychischen und physischen Leistungsbereichen gewinnen.

3.3. Spielplatz für behinderte Kinder: ein Traum?

„Schöne Träume" haben immer ein utopisches Element. Sie lassen uns schmerzlich erlebte Einschränkungen der Realität überschreiten. Im utopischen Entwurf steckt eine für Veränderungen und Verbesserungen aktivierbare Kraft. Vorstellung und Wirklichkeit können eine produktive Spannung zueinander einnehmen, in der die Kluft zwi-

Abb. 4: Der Spielplatz Anfang der 70er Jahre

schen Ideal und Realität bewußt wird. Was war unser Traum? Im Grunde genommen ging es um eine simple Vorstellung. Die Wiederentdeckung der Bedeutung des Spiels für unsere veränderte Schülerpopulation stand in deutlichem Widerspruch zu den Möglichkeiten an eigenaktivem Spiel, die wir speziell den schwerer behinderten Kindern anbieten konnten. Eine offene Frage war dabei, ob unsere Vorstellungen sich deckten mit den Spielbedürfnissen und Spielwünschen der Kinder. Unbestritten war jedoch, daß die Voraussetzung selbständigen Spiels dieser Kinder speziell gestaltete Spielgeräte sind. Aber wie sah unser Spielplatz aus?

Im Jahre 1968 fand man im Garten unserer Einrichtung folgende Spielanlage: einen Kletterturm aus Metall, zwei Schaukeln und eine Metallwippe. Eine kleine Mulde war in einer Wiese ausgehoben und mit Sand gefüllt worden.

Erste Fortschritte. Unser Ziel war es, das Spiel- und Aktionsfeld für die Kinder so zu gestalten, daß sie eigengelenkte spielerische Möglichkeiten von Bewegungs- und Materialerfahrungen machen konnten. Wir versuchten, dies den Kindern z. B. in einer kleinen Sandgrube zu ermöglichen. Das Fehlen einer Umrandung hatte den Nachteil, daß

Abb. 5: Sandspiele mit Sitzhilfe

Kinder, die nicht frei sitzen konnten, keine Rückenstütze im Sitz fanden. Wir versuchten bei diesen Kindern, den Oberkörper mit einem Liegekeil abzustützen. Die Kinder lagen nun mehr auf dem Liegekeil als im Sand. So konnten sie wenigstens ein bißchen im Sand wühlen und spielen. Durch die Liegekeile war die Bewegungsfreiheit der Arme allerdings stark eingeschränkt. Kleine Plastiksitze im Sand waren auch keine ideale Lösung. Die Kinder mußten sich in diesen Sitzen zu weit nach vorne oder seitlich unten beugen, um überhaupt mit dem Sand in Berührung zu kommen. Dazu kam, daß die „Sandaktionen" für die Betreuer immer sehr arbeitsintensiv waren. Sie forderten vor Beginn der Spielaktivitäten umfangreiche Vorbereitungen und am Ende jeder Sandaktion eine Großreinigung vom Sand. Außerdem waren während des Spielens ständig irgendwelche Hilfestellungen nötig, die unserem Ziel des selbständigen Tätigseins der Kinder entgegenstanden.

Wir suchten zunächst nach einer einfachen und kostengünstigen Lösung für einen Sandspielplatz, der unseren Ansprüchen mehr entsprach. Ein aus dicken Holzbalken errichteter erhöhter breiter Holzrand im Blockhausstil, so dachten wir, könnte den Kindern als Rückenlehne beim Sitzen im Sandkasten dienen. Von außen könnten

Abb. 6: Sandkasten – „Barriere" oder Spielangebot?

Liegebretter an die erhöhte breite Holzumrahmung des Sandkastens angelehnt werden. Die Kinder hätten so eine bessere Möglichkeit, aus einer sicheren Ausgangsposition heraus selbständig mit dem Sand spielen zu können.

Die Umsetzung dieser einfachen Idee erwies sich als schwierig. Acht dicke Holzbalken waren schnell besorgt. Es dauerte trotzdem noch zwei Jahre, bis alle Hindernisse aus dem Weg geräumt waren und der neue Sandkasten errichtet war. Doch wie sah der neue Sandkasten aus? Die Holzumrandung war im Boden versenkt worden und unsere therapeutischen Vorüberlegungen zunächst mit ihr.

1973 wurden eine neue Holzwippe, eine breitere Schaukelaufhängung aus Holz mit Platz für zwei Schaukeln, ein senkrecht eingehängtes Kletternetz und ein Kletterseil angeschafft. Ein erster Fortschritt, an dem die Kinder Freude hatten. Auch diese Veränderungen brachten in der Praxis Nachteile mit sich, die wir teils erwartet hatten und teils neu entdeckten. Das Kletternetz fand wenig Anklang. Auch Kinder, die selbständig gehen konnten, waren an diesem Spielgerät in ihren motorischen Koordinationsfähigkeiten einfach überfordert. Als Problem erwiesen sich auch die Schaukelsitze. Wie konnte ein Kind, das auf einer fixierten Unterlage nicht selbständig aufrecht sitzen konnte, gut und sicher auf einer Schaukel sitzen und angstfrei schaukeln? Ein Kindersitz mit verschiebbarem Holzgitter war eine erste Notlösung. Für größere Schulkinder war dieser Sitz zu klein. Ein Autoreifen, quer oder hochkant aufgehängt, mit dem wir es auch versuchten, bot vielen Kindern nicht den Halt und die Sicherheit, die sie brauchten, um angstfrei schaukeln zu können. Das Gefühl der Sicherheit auf der Schaukel war wichtig, weil jede Ängstlichkeit die Spastik der Kinder erhöhte. Erfolgreich waren am Anfang die Versuche mit einer Plastiksitzschale. Nach einiger Zeit scheuerten die Aufhängungsgurte durch. So setzten wir uns die Kinder einfach auf den Schoß und schaukelten mit ihnen zusammen. Die Kinder hatten dabei großen Spaß. Für die Betreuer war das gemeinsame Schaukeln allerdings recht anstrengend.

Neue Horizonte. Im Herbst 1976 besuchte eine Schulklasse die Ausstellung „Famina", eine Art Handwerksmesse, auf der als Sonderausstellung auch ein Spielplatz vorgestellt wurde. Dort war eine kleine Spielanlage mit Kletterturm und Sprungtuch aufgebaut worden. Viel wichtiger war für unsere Kinder, daß es eine Rutsche gab, die so breit war, daß die Kinder zusammen mit einem Betreuer rutschen konnten. Die Betreuer konnten beim Rutschen das Kind abstützen und halten und ihm dadurch ein Gefühl der Sicherheit geben. Das war ein Riesenspaß! Die Kinder waren begeistert. Die Betreuer mußten sie bis zur physischen Erschöpfung auf die Rutsche tragen und mit ihnen rutschen.

Uns allen war nach diesem Erlebnis klar, wir brauchen so eine breite Rutsche auf unserem Spielplatz. Ein wichtiges Problem hatten wir erkannt! Wir brauchen eine Aufstiegsmöglichkeit, die es ermöglicht, die Kinder, die auf die Rutsche gehoben werden müssen, mit geringerem Kraftaufwand zum Rutscheneinstieg zu bringen. Dieser Gedanke wurde später eine Leitidee unserer Spielplatzkonzeption.

Eine weitere gedankliche Anregung für unser Projekt war der Besuch auf einem Abenteuerspielplatz. Abenteuerspielplätze waren in den siebziger Jahren in Mode gekommen. Auf diesem pädagogisch betreuten Spielplatz konnten die Kinder Farben, Pinsel, Papier und verschiedene Werkzeuge ausleihen und selbst aktiv werden. Spaß machte den Kindern auch ein altes Schiff, in dem sie sitzen und schaukeln konnten, und ein altes Auto, in dem sie auf Traumreisen gingen. Ein Spielplatz, das war die Folgerung, sollte viele variable Spielmöglichkeiten anbieten.

Die erste Planungsphase. Als im Schuljahr 1977/78 ein Förderer gefunden wurde, der für die Errichtung eines Spielplatzes in unserer Einrichtung eine ansehnliche Spende aufbringen wollte, begann eine erste konzentrierte Planungsphase für eine Spielanlage, die den Spielbedürfnissen körperbehinderter Kinder gerechter werden könnte. In der Nachbetrachtung ist den Diskussionen von damals eine gewisse Komik durchaus zu eigen. In unserer Einrichtung bildeten sich drei Interessengruppen mit ganz verschiedenen Absichten hinsichtlich der Gestaltung eines Spielplatzes. Aus der Sicht der Heimgruppen mit kleineren Kindern, der Therapeuten und der Grundschule sollte der Spielplatz einen Kletterturm, Sprungtuch, breite Rutsche und einen Sand-Matschbereich haben. Aus der Sicht der Sportlehrer sollte vor allem ein ausreichend großer Platz mit Fallschutzplatten vorgesehen werden. Die dritte Gruppe, die Erzieher der Heimgruppen mit älteren Jugendlichen, forderten einen Minigolfplatz, Bänke, Tischtennisplatten aus Beton und ein großes Gartenschach. Nun waren diese Vorstellungen, vor allem auch angesichts der Behinderungen der Kinder und Jugendlichen in unserer Einrichtung, zum Teil ziemlich befremdlich. Im Kern aber verkörperten sie einen Konflikt, der nach der Fertigstellung des Spielplatzes Jahre später nie auftrat: die Jugendlichen und jungen Erwachsenen in unserer Einrichtung lehnten während der Planungsphase einen Spielplatz ab, weil sie sich von den jüngeren Kindern distanzieren wollten.

Allen Kontroversen zum Trotz, wurden in dieser Zeit grundlegende konzeptionelle Vorstellungen für einen behindertengerechten Spielplatz entwickelt. Wir stellten uns die Gesamtanlage zweigeschossig vor. Die obere Spieletage sollte durch eine sandfreie, feste Zufahrt für Rollstühle erreichbar sein. Von dieser Fläche aus sollte z. B. die Rutsche zugänglich sein. Den Sand-Matschbereich dachten wir uns als Sandspielbereich mit Palisadenumrahmung am Boden. Rollstuhlunterfahrbare Sandkastenfelder in verschiedenen Höhen sollten aufgestellt werden, damit Kinder im Rollstuhl aus einer bequemen Position heraus mit Sand spielen konnten.

Trotz der zugesagten Spende blieb die Finanzierung des Spielplatzes natürlich ein Problem. Die Summe der Wünsche, die wir vorgetragen hatten, hatten den Spielplatz inzwischen zu einem architektonischen „Mammutprojekt" werden lassen. Als staatliche Einrichtung mußten wir auch mit dem Landbauamt zusammenarbeiten und Denkmalschutzbestimmungen, denen unsere Einrichtung unterliegt, berücksichtigen. Nach einigem Hin und Her, nach Hoffen und Bangen scheiterte dieser erste Anlauf für den Bau eines behindertengerechten Spielplatzes.

Notlösungen. Wir hatten nicht aufgegeben, bemühten uns um Zwischenlösungen, suchten Möglichkeiten, wie wir Garten- und Spielaktivitäten mit den Kindern abwechslungsreicher gestalten konnten. Drei große Tische mit Sitzeinbuchtungen wurden angeschafft. Der Clou dieser Tische war eine Vertiefung in der Mitte, in die man Wasser und Sand einfüllen oder auch andere Materialien zum Wühlen und Aussortieren legen konnte. Diese Tische waren auch zum Feiern, Kaffeetrinken und Eisessen geeignet. Durch die Sitzeinbuchtungen erhöhte sich der Aktivitätsradius der Kinder.

Ein weiterer Versuch, die Handlungsangebote an die Kinder auszuweiten, war die Aufstellung eines rollstuhlunterfahrbaren Hochbeetelements, das uns ein Schreiner baute. In zwei Plastikwannen pflanzten wir darauf mit den Kindern Radieschen, Tomaten und

Abb. 7: Die Vertiefung in der Mitte des Tisches wurde beim Angelspiel zum Aquarium.

Abb. 8: Spielen im Babbelplastreifen

Möhren an. Der gärtnerische Erfolg war mäßig! Das Anpflanzen und Buddeln in der Erde war ein Spaß – die Ernte ließ zu wünschen übrig. Ein Satz großer Bauhölzer, mit denen kleine Häuschen gebaut werden konnten, schien sehr geeignet zu sein für unsere Kinder. Er wurde in einem Gartenhäuschen aufbewahrt, aber nur selten verwendet. Babbelplastrollen und große Reifen waren auch im Garten gut verwendbar für die Umlagerung der Kinder, zum Rollen und Hüpfen. Sie wurden fast ausschließlich im therapeutischen Rahmen genutzt. Kleine Planschbecken bei schönem Wetter aufzustellen, war mit großem Arbeitsaufwand verbunden, wurde aber durch den Spaß, den die Kinder hatten, belohnt.

Im Jahr 1982 fiel uns ein Prospekt mit einer wunderschönen breiten Rutsche in die Hand und wir erhielten einen Tip, uns in Fragen der Bauplanung und Finanzierung des Spielplatzes an das „Deutsche Kinderhilfswerk e.V." zu wenden. Die Unterstützung und Zusammenarbeit mit dem Deutschen Kinderhilfswerk in Bayern bedeutete für die Realisierung unserer Pläne den Durchbruch.

Wieder waren unsere Gedanken zentriert um die Vorstellung einer zweigeschossigen Spielanlage und um die Möglichkeit eines leichten Zugangs zur Rutsche auch für Rollstuhlfahrer. Möglichkeiten, verschiedene Ebenen durch Landschaftsveränderungen (Hügel, kleine Berge) herzustellen, verhinderten denkmalschutzrechtliche Bestimmungen. Eine lange flache Auffahrtsrampe, die allerdings viel Platz brauchte, war eine Alternativlösung. Zwischendurch dachten wir sogar an eine Art Treppenlifter, wie er in Häusern eingebaut wird, und an eine Art Hebebühne. Aus technischen Gründen und aus Sicherheitsgründen wurden diese Überlegungen verworfen. Wir begannen nachzudenken über verschiedene Aufstiegsmöglichkeiten für leichter behinderte Kinder, die auf die obere Spielebene hinaufsteigen, -krabbeln oder -klettern konnten. Außerdem sollte es möglich sein, daß die Betreuer neben der Rutsche mitlaufen konnten, um Hilfestellungen zu geben.

Wir waren uns damals kaum bewußt, wie sehr wir noch immer erst am Anfang waren. Jahre mühsamer Verhandlungen und Planungen lagen noch vor uns.

4. Die Spielgeräte

Aus den Behinderungsbildern der Schüler unserer Einrichtung leiteten wir Folgerungen für die Konzeption eines Spielplatzes ab, der ihren speziellen Erziehungsbedürfnissen und Spielmöglichkeiten entsprechen sollte. Alle Kinder, das heißt, Kinder mit und ohne Bewegungsbeeinträchtigungen, sollten auf diesem Spielplatz Angebote und Anregungen für kreatives eigengelenktes Spiel finden können. Das Spielgerät mußte gleichzeitig ein Höchstmaß an Sicherheit und Schutz vor Unfällen, vor allem auch für bewegungsunsichere Kinder, garantieren. Dieses Kriterium war auch bei der Auswahl der Materialien zu berücksichtigen. Dabei sollten die Materialien gleichzeitig ansprechend, haltbar und witterungsbeständig sein. Kinder mit Wahrnehmungsstörungen sollten Strukturhilfen finden, um sich in einzelnen Spielbereichen orientieren zu können. Es sollte möglichst erkennbar sein, welche Spiele in einzelnen Entscheidungsbereichen gespielt werden können. Alle diese Kriterien waren für sich gültig.

Im Gegenspiel der Kriterien zueinander zeigte sich, daß sich diese Prinzipien gegenseitig einschränkten. Witterungsbeständigkeit und Haltbarkeit waren nicht immer gleichzusetzen mit dem Wunsch nach ansprechenden Materialien. In erheblicher Spannung stand das Sicherheitskriterium mit der Absicht, kreative und flexibel einsetzbare Spielangebote zu schaffen. Wir entschieden uns im Zweifelsfall für Sicherheit und trösteten uns mit dem Gedanken, daß die Spielgeräte auch in ihren möglichen Kombinationen vielfältigste Spielsituationen anboten. Mehr noch als der Blick auf die Haftungspflicht spielte dabei eine wichtige Rolle, daß viele unserer Kinder als Folge ihrer Behinderung nur über eine eingeschränkte Realitätseinschätzung verfügten, daß sie in vielen Situationen keine Angst vor realen Gefahren zeigten. Dazu gehörten beispielsweise Kinder, die keine Tiefenangst haben, die sich und andere Kinder durch Handlungen gefährden, deren Risiken sie nicht übersehen können. Im Rahmen dieser Sicherheitsüberlegungen mußte auch gewährleistet sein, daß sich Kinder im Rollstuhl auf dem Spielplatz auf sicheren Fahrwegen bewegen konnten.

Das übergeordnete Prinzip, das uns leitete, dem alle anderen

Kriterien untergeordnet wurden, war die Anpassung der Spielgeräte auch für behinderte Kinder („Barrierefreiheit"), war die Einbeziehung all der Kinder, die auf „normalen" öffentlichen Spielplätzen keine Spielangebote für sich finden. Darin sollte es keine Kompromisse geben. Wir waren überzeugt, daß dies nicht nur möglich war, sondern daß dadurch die Spielmöglichkeiten aller, auch der nichtbehinderten Kinder nicht nur nicht eingeschränkt, sondern erweitert würden. In der Beschreibung der einzelnen Spielgeräte wird dies deutlich.

4.1. Schaukeln

Schaukeln bringt den gesamten Körper in einen schnellen Bewegungsrhythmus, der in vielfältiger Weise Körperempfindungen und Emotionen beeinflußt. Das Kind erlebt Hoch-, Tief-, Vor- und Zurückbewegungen, verbunden mit einer Bewegungsbeschleunigung. Der Bewegungsrhythmus führt zu einer abwechselnden muskulären Anspannung und Entspannung (Haltungsbewahrung). Durch Änderungen des Bewegungsrhythmus vom sanften zum schnellen Schaukeln werden Gleichgewichtssinn (Vestibulärsystem), Tiefensensibilität, taktiles System und visuelle Wahrnehmung angesprochen.

Für Kinder mit eingeschränkten Bewegungsmöglichkeiten und Kinder, die sich mit einem Rollstuhl fortbewegen, sind dies Bewegungen und Körpererfahrungen, die sie im täglichen Leben kaum erleben. Dabei muß die Fähigkeit dieser Kinder, sich an die Schaukelbewegung anzupassen, unbedingt berücksichtigt werden. Durch einen verlangsamten Schaukelrhythmus kann die Aufgabe der Haltungsbewahrung für die Kinder erleichtert werden. Kinder, die nicht alleine schaukeln können und das Schaukeln ohne Hilfe nicht beenden können, sollten genau beobachtet werden, da sie durch die Schaukelbewegung einer intensiven Stimulation ausgesetzt sind. Es kann zu einer Überstimulation kommen, die unter anderem zu Übelkeit, einem zu lange anhaltenden oder verkürzten, ungleichmäßigen Nystagmus und eventuell zu Anfällen (!) führen kann.

4.2. Rollstuhlschaukel

Die Rollstuhlschaukel wurde so konstruiert, daß sie auch von Rollstuhlfahrern genützt werden kann. Ihre Konstruktionsweise bietet Rollstuhlfahrern den Vorteil, daß sie sich nicht an eine neue Sitzunterlage gewöhnen müssen, sondern im Rollstuhl sitzen bleiben können. Durch ihr Gewicht bedingt, behält die Bewegung der Rollstuhlschaukel nach dem Anschubsen einen gleichförmig-gedämpften und beständigen Rhythmus. Die Kinder haben dadurch mehr Zeit, sich an die Hoch-, Tiefbewegung anzupassen und die Chance, diese Bewegung intensiver wahrzunehmen. Das Gewicht der Schaukel macht eine Hilfe beim Anschubsen nötig. Die Geschlossenheit des Raumes der Rollstuhlschaukel und die großen Haltebügel, an denen sich die Kinder festhalten können, vermitteln ihnen Sicherheit und Geborgenheit. So können sie die Schaukelbewegung ohne Angst genießen. Eine Schutzumrandung um die Rollstuhlschaukel herum soll eine Gefährdung anderer Kinder verhindern.

Abb. 9: Die Rollstuhlschaukel
Die Klappe an der Rückseite der Rollstuhlschaukel wird beim Einstieg zur Auffahrtsrampe. Hochgeklappt wird die Rampe zur Rückwand der Rollstuhlschaukel. Die Geschlossenheit des Spielgerätes bietet den schaukelnden Kindern Sicherheit. Die Bremsen von Schieberollstühlen müssen fixiert werden.

Abb. 10: Die Rollstuhlschaukel
Die Schaukel bietet genügend Platz, um aus dem Schaukeln ein gemeinsames Spiel zu machen. An den großen Metallbügeln können sich die Kinder festhalten. Sie gewinnen dadurch Sicherheit. Bilaterales Greifen und Halten werden spontan eingesetzt.

Abb. 11: Die Rollstuhlschaukel
„Die Angst ist überwunden – Schaukeln macht Spaß!"

4.3. Sitzschaukel

Die Sitzschaukel hat eine verlängerte Rückenlehne. Quer vor dem Sitz ist ein wegschwenkbarer Haltebügel angebracht, der einen ungehinderten Einstieg ermöglicht.

Anders als in der Rollstuhlschaukel wird die Schaukelbewegung auf der Sitzschaukel sehr direkt und körpernah empfunden. Die Anpassung an schnelle Schaukelbewegungen erfordert von den Kindern das Zusammenspiel verschiedener Fähigkeiten: das Festhalten mit den Händen am Haltebügel oder an den Ketten, um die Schaukelbewegungen mit dem Körper mitmachen zu können. Die Fixierung eines festen Punktes mit den Augen erleichtert den Kindern die Gleichgewichtsbewahrung.

Bei zu heftigem Schaukeln können sich manche Kinder an das Tempo und den schnell wechselnden Rhythmus der Schaukelbewegung nicht mehr anpassen. Sie verlieren die Haltungskontrolle und sind eventuell in Gefahr, aus der Schaukel herauszurutschen. Bei Kindern mit cerebralen Paresen kann es dabei zu Tonuserhöhungen und zu pathologischen Reaktionen kommen, die das Sitzen auf der Schaukel erschweren, eventuell unmöglich machen.

Abb. 12: Die Sitzschaukel
Maxi ist von der Bewegung fasziniert. Er versucht sich der Schaukelbewegung anzupassen und hält sich mit beiden Händen an der Kette fest.

4.4. Reifenschaukel

Zwei übereinander angebrachte verschieden große Reifen, die in einem gemeinsamen Drehgelenk aufgehängt sind, bilden die Reifenschaukel. Dieses Spielgerät ermöglicht gleichzeitiges Schaukeln und Drehen, Bewegungen, die zusammen oder unabhängig voneinander erfahren werden können. Beide Bewegungen gleichzeitig vermitteln intensive Körperreize. Dabei wird die Hoch-, Tiefbewegung durch das eigene Körpergewicht und den flexiblen Stand auf den Reifen intensiviert, die Drehbewegung durch Mitbewegungen des Körpers beschleunigt. Die Gleichgewichtsbewahrung an diesem Spielgerät ist erschwert durch die flexible Kettenaufhängung und durch die Beweglichkeit der Gummireifen, die keinen stabilen Stand gewähren. Gute Konzentration und Körperkontrolle sind Voraussetzungen einer selbständigen Beherrschung dieses Spielgerätes.

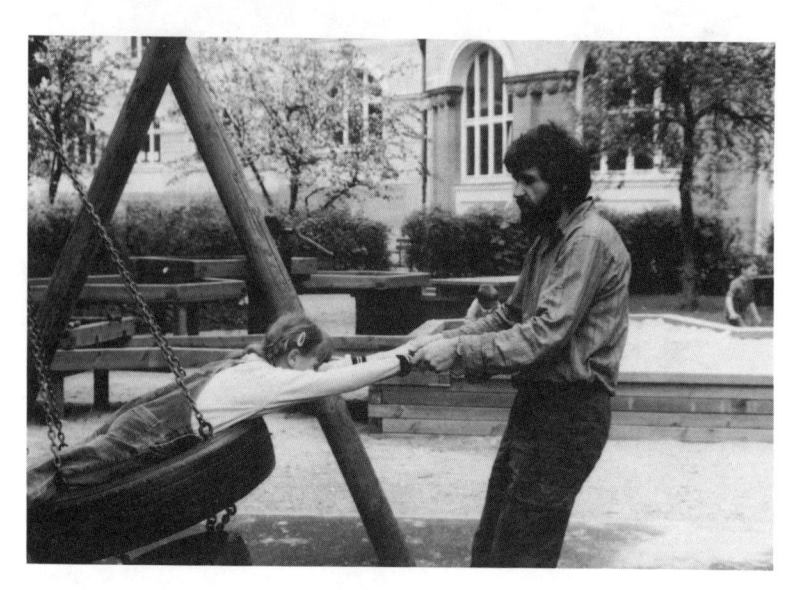

Abb. 13: Die Reifenschaukel
Das Bild zeigt den therapeutischen Einsatz der Reifenschaukel. In der Bauchlage muß die Nackenmuskulatur gegen die Schwerkraft arbeiten. Diese extremen Reize stimulieren das Gleichgewichtssystem.

Auf der Reifenschaukel kann aber auch in Bauchlage, im Sitzen etc. geschaukelt werden. Das ist einfacher! Wenn mehrere Kinder gleichzeitig auf der Reifenschaukel sind, dann ist eine gegenseitige Abstimmung der Bewegung notwendig, um eine rhythmische Schaukelbewegung einzuleiten.

Abb. 14: Die Reifenschaukel
Beim Schaukeln zu zweit müssen die Schaukelbewegungen des Spielkameraden mit den eigenen Schaukelbewegungen abgestimmt werden. Die Flexibilität der Ketten erschwert es den Kindern, auf den Reifen einen sicheren Stand zu gewinnen. Dieses Spielgerät verlangt neben einer entwickelten Körperkontrolle hohe Konzentration.

4.5. Federschaukel

Die Federwippe spricht besonders kleine Kinder an. Zwei Federpferdchen sind mit einer Sitzbank und einer Haltestange verbunden. Ängstliche Kinder und Kinder mit geringer Haltungskontrolle wippen mit einem Betreuer. Durch die starren Verbindungen wird der Schwingeffekt kurz und relativ schnell. Dies erfordert von den Kindern eine sehr gute Sitzbalance, Kopfkontrolle und gute Bewegungsanpassung an schnell wechselnde Bewegungsrhythmen.

Abb. 15: Die Federschaukel
Die mittlere Sitzposition (Sitzbank) und die Haltestange erleichtern das Wippen. Für Kinder mit Problemen der Kopf- und Rumpfkontrolle, die auf dem Pferderücken sitzen, ist die Gestaltung der Pferdeköpfe ungünstig (zu hoch und zu spitz).

4.6. Hängematten

Die Kinder finden auf dem Spielplatz zwei große Hängematten, die aus grobmaschigen Taunetzen hergestellt sind. Eine dieser Matten wurde flach aufgehängt.
Die andere Matte hat beinahe die Form eines Tunnels, der nach oben offen ist. Die Hängematten sind so groß, daß die Kinder längs oder quer schaukeln können. Kindern, die nicht allein sitzen können, vermittelt die Hängematte ein sehr körpernahes Schaukelerlebnis.

Abb. 16: Die Hängematte
Einstieg in die Hängematte mit Hilfe

Kindern mit cerebralparetischen Schädigungen gefällt besonders das Schaukeln in der tonnenförmigen Hängematte. Die umhüllende Form dieser Matte vermittelt ihnen Sicherheit und bessere taktile Orientierung. Sie erleben darin mehr Geborgenheit und können angstfrei das Schaukeln genießen. Schon kleine Schwingbewegungen stimulieren das Gleichgewichtsorgan. Das Kind versucht sich durch muskuläre An- und Entspannung im Gleichgewicht zu halten. Die Hängematten erfreuen sich bei Kindern und Erwachsenen großer Beliebtheit. Die Möglichkeit, allein oder mit anderen zusammen zu schaukeln oder auszuruhen, macht die Geräte zu einem wichtigen Anziehungs- und Treffpunkt am Spielplatz. Beim „Zusammenrücken" in der Hängematte erleben die Kinder Körpernähe. Gerade Kinder im Rollstuhl erleben Körperkontakte eher seltener und weniger direkt als Kinder, die ihre Bedürfnisse nach Schmusen und Kuscheln selbständiger umsetzen können. Eine Decke oder eine weiche Matte in der Hängematte sorgen für bequemeres Liegen.

Abb. 17: Die Hängematte
„Völlig losgelöst!"

4.7. Die Rollstuhlwippe

Die Rollstuhlwippe kann über eine bewegliche Auf- und Abfahrtsrampe von allen Fortbewegungsmitteln befahren werden, die die Breite der Wippe nicht überschreiten (Go-Cart, Fahrrad, Elektrorollstuhl etc. . . .). Durch einen hochgezogenen Rand wird ein seitliches Abkippen des Rollstuhls verhindert.

Abb. 18: Die Rollstuhlwippe
Die festmontierte Auffahrtsschräge ermöglicht das selbständige Befahren der Wippe. Thomas überfährt die Wippe als Teil eines Parcours. Durch Vor- und Zurückfahren am Kippunkt wiederholt er den Kippeffekt. Das Spielen mit Balance und die Dosierung von Bewegungen kann er an diesem Gerät erleben. Wo es möglich ist, sollte diese Wippe breiter gebaut werden.

Die Schrecksekunde am Kippunkt macht die Wippe beim Darüberlaufen oder -fahren für viele Kinder zu einer Mutprobe. Das langsame Hinfahren bis hin zum Kippunkt und die Bewegungsanpassung nach dem Kippen erfordern besonders von rollstuhlfahrenden Kindern motorische Feindosierung und Konzentration. An diesem Spielgerät kann die Bewältigung von Alltagssituationen wie z. B. einen Berg hinauf- oder hinunterfahren oder das Befahren einer Rolltreppe spielerisch vorbereitet werden.

Zweierwippen oder das Wippen in Gruppen erfordert die Beachtung einfacher Spielregeln. Die Kinder müssen sich auf ihre Spielpartner einstellen, Rücksicht nehmen und Reihenfolgen einhalten.

Abb. 19: Die Rollstuhlwippe
Beim Wippen bestimmt die Spielhandlung des Spielkameraden die eigenen Aktivitäten (Vor- und Zurückfahren). Kleine Hilfen sind auch hier manchmal nötig.

4.8. Karussell

Das Karussell kann gleichzeitig von vier rollstuhlfahrenden und mehreren gehenden Kindern genützt werden. Es ist in vier Abteile gegliedert. Nach hinten sind die Abteile durch eine hüfthohe Klappe, die gleichzeitig als Auffahrtsrampe dient, gegen ein Herausrollen gut abgesichert.

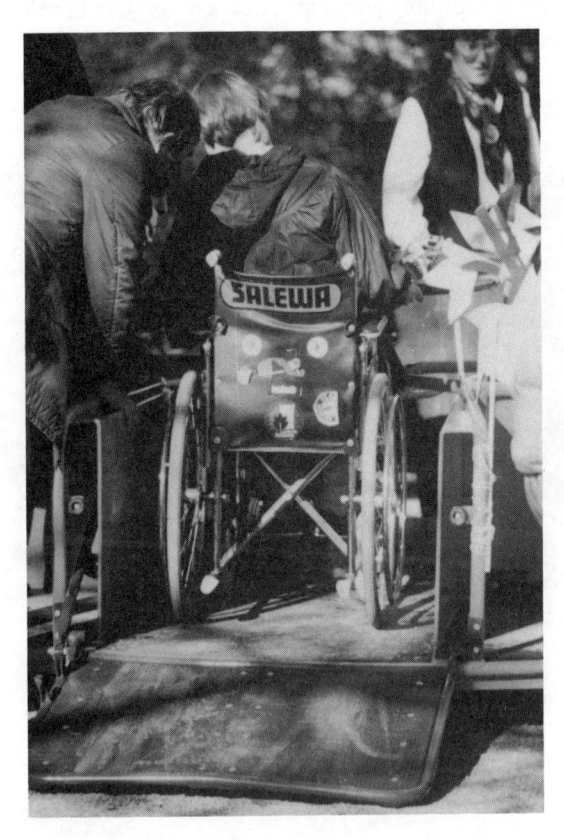

Abb. 20: Das Karussell
Einfahrt in das Rollstuhlkarussell.

Mehrere Kinder können gemeinsam das Karussell mit Krafteinsatz in Schwung bringen. Sie bestimmen durch Drehen der inneren Schwungscheibe das Tempo selbst. Das Drehen im Rollstuhlkarussell ist ein gleichförmiger Bewegungsablauf mit stetig anwachsender oder nachlassender Beschleunigung. Die Wirkung der Drehbewegung auf das Vestibulärsystem ist in hohem Maße von ihrem Tempo abhängig.

Plötzliche Änderungen in der Bewegungsrichtung sind durch das Gewicht des Karussells nicht möglich. Die Kinder haben ausreichend Zeit, um sich auf die Wirkung der Fliehkraft einzustellen. Kinder, die beim Karussellfahren Hilfen benötigen, z. B. beim Ein- und Aussteigen, und die das ihnen angenehme Drehtempo nicht selbst bestimmen können, sollten genau beobachtet werden, um Überforderungen und Überstimulation zu vermeiden.

Abb. 21: Das Karussell „Wer kann, schiebt an!"

4.9. Rutschbahnen

Rutschen ist eine elementare Bewegungserfahrung, auf der viele Sport- und Bewegungsspiele aufbauen (z. B. Schlitten-, Ski- und Radfahren), deren Bewegungsablauf Beschleunigung, Geschwindigkeit und Abbremsen beinhalten. Auf der Rutsche erleben die Kinder körpernahe Bewegungen, die hohe Anforderungen an Haltungsbewahrung, Gleichgewichtsempfinden und Gleichgewichtsreaktionen stellen. Das Kind lernt mit Hoch- und Tiefbewegungen, plötzlicher Beschleunigung, starker Schubkraft beim Bremsen, Widerstand und Reibung umzugehen. Es klettert auf die Rutsche und saust in die Tiefe. Dabei spürt es den Widerstand, den sein Körpergewicht auf der Unterlage auslöst, die Reibung der Hände und der Füße beim Bremsen. Die Erfahrung, daß nackte Hände und Füße im Gegensatz zu Stoff stark bremsend wirken, hilft dem Kind die Rutschgeschwindigkeit zu steuern.

Kinder, die das Rutschen beherrschen, versuchen bald auf der Rutschfläche nach oben zu klettern und beobachten sehr aufmerksam andere Kinder bei solchen Tätigkeiten. Sie merken beim Ausprobieren, wie anstrengend und kraftaufwendig es ist, über eine Schräge hochzukommen. Dabei lernen sie auch, ihr Körpergewicht extrem nach vorne zu verlagern oder die Schräge mit viel Schwung im Laufen zu überwinden. Kinder erlernen das Rutschen meist zuerst im Sitzen. Dabei müssen sie sich anstrengen, um die Sitzbalance zu bewahren. Erst nach dem sitzenden Rutschen folgen Experimente in der Bauchlage, der Rückenlage, vorwärts und rückwärts Rutschen.

4.9.1. Breite Rutsche

Der Einstieg zur breiten Rutsche wird durch eine Plattform auf gleicher Höhe erleichtert. Dadurch wird es manchen Kindern möglich, selbständig vom Rollstuhl aus in den Einstieg der Rutsche überzusetzen. Der Treppenabgang, über den die Rollstühle zum Auslauf der Rutsche gebracht werden können, ist durch eine in Richtung zum Plateau hin sich öffnende Drehtür gesichert. Eine Führungsschiene für Rollstühle ist unmittelbar neben der Treppe angebracht. Somit kann der Rollstuhl ohne große Umwege und Kraftaufwand nach unten befördert werden. Im Auslaufbereich ist, wie bei der schmalen Rutsche auch, ein spezieller, elastischer Bodenbelag verlegt, der der Gefahr von Verletzungen vorbeugen soll.

Abb. 22: Die breite Rutsche
Auf der breiten Rutsche können sich die Kinder auch gegenseitig helfen. Die Rutsche ist so angelegt, daß ein Betreuer mitrutschen kann oder von der danebenliegenden Treppe aus das Kind festhalten und führen kann. Zusätzlich wird die Bewegungsbeschleunigung und die Rutschgeschwindigkeit durch eine Welle in der Mitte der Rutsche gemildert.

Abb. 23: Die breite Rutsche
Jan kann sich anlehnen, wird gehalten und fühlt sich sicher. Dies sind seine Voraussetzungen, um Spaß am Rutschen zu haben.

Abb. 24: Die breite Rutsche
Der Rollstuhl wird von einer Betreuerin über einen speziellen Rollstuhlabstieg an das Ende der Rutsche gebracht.

4.9.2. Schmale Rutsche

Eine schmale Rutsche geht in einer Kurve vom Plateau aus freischwebend nach unten. Die Kinder sind durch einen weit hochgezogenen Rand vor dem Herausfallen aus der Rutsche geschützt. Der Rand vermittelt ihnen Sicherheit.

Auch auf der schmalen Rutsche können rollstuhlfahrende und bewegungseingeschränkte Kinder erst auf eine Plattform übersetzen,

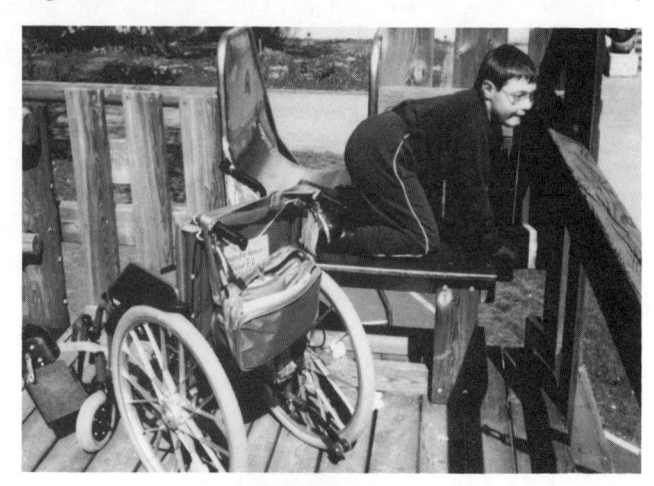

Abb. 25

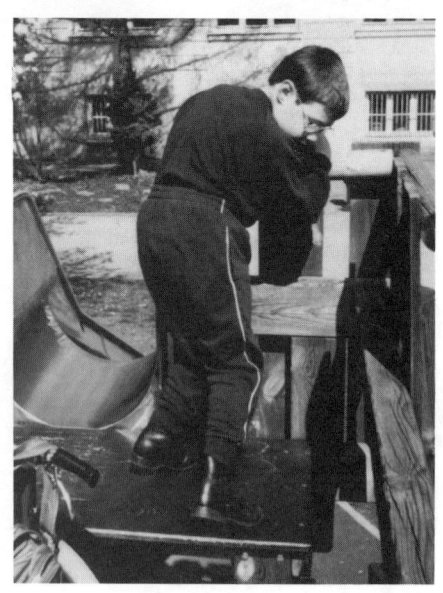

Abb. 26

Abb. 25: Die schmale Rutsche
Trotz der etwa gleichen Höhe von Rollstuhlsitz und Rutschplateau ist das Umsteigen mühsam: Motivation schafft Selbständigkeit!

Abb. 26: Die schmale Rutsche
Die Holzverkleidung des Rutschplateaus schützt Franzi vor dem Hinunterfallen und er kann sich an ihr hochziehen.

Abb. 27: Die schmale Rutsche
Ein Riesenerfolg: „Die Startposition ist ohne Hilfe erreicht und es kann losgehen".

Abb. 28: Die schmale Rutsche
Selbständig aus dem Rollstuhl aus- und einsteigen ist bei vielen Alltagshandlungen notwendig (Bett, Toilette, Arbeit, Auto). Franzi übt dies an der Rutsche im Spielzusammenhang. Motivation ist die Freude am Rutschen.

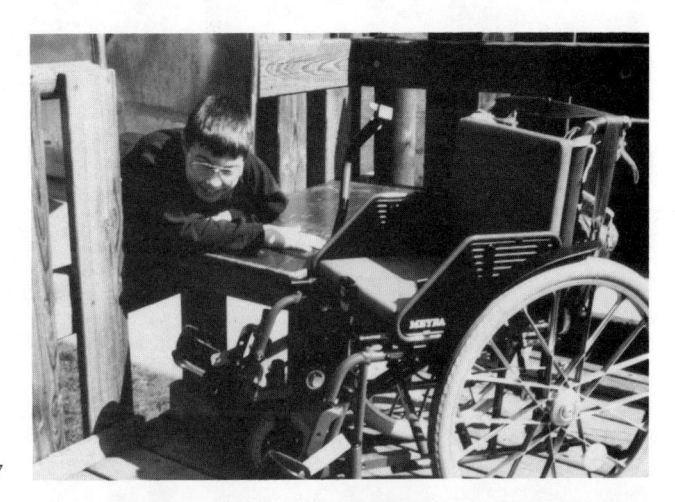

Abb. 27

Abb. 28

bevor sie in die Rutsche einsteigen. An ihrem Ende hat die Rutsche einen langen Ausrutschbereich, der das Übersetzen in den Rollstuhl erleichtert. Kinder, die das Rutschen einigermaßen sicher beherrschen, werden von der breiten auf die schmale Rutsche umsteigen und die neu gewonnene Selbständigkeit auskosten.

Abb. 29: Die schmale Rutsche
Abwärts – aufwärts, sitzend, liegend, auf dem Bauch, auf dem Rücken, alleine, hintereinander . . . Die hochgezogenen Seitenteile dieser Rutsche mit gefalztem Rand geben den Kindern Halt und Sicherheit und bieten Gelegenheit, kreative Rutschformen zu entdecken.

4.10. Balanciergeräte

Balancieren ist die Summe verschiedener Fähigkeiten in ihrem Zusammenspiel: Körperbeherrschung, Haltungskontrolle, Gewichtsverlagerung, räumliche Wahrnehmung, Bewegungsplanung, Koordination und Konzentration. Beim Balancieren verläßt das Kind sicheren Boden und begibt sich auf beweglichen Untergrund oder auf Balancierbalken in schwindelnder Höhe.

4.10.1. Trampolin

Abb. 30: Das Trampolin
Risiko! – „Was kommt da auf mich zu?" Elektrorollstuhlfahrer haben ausschließlich Bewegungserfahrungen auf festem Untergrund. Selbst Bodenunebenheiten müssen aufgrund des großen Rollstuhlgewichtes kaum mit dem Körper ausgeglichen werden. Beim Befahren des Trampolins erlebt der Elektrorollstuhlfahrer das Kippen nach vorne auf einen beweglichen Untergrund. Erster Eindruck: „Ich falle in ein Loch!" Zweiter Eindruck: „Ich kippe seitlich um!" Das Befahren des Gummimattentrampolins ist für einen Elektrorollstuhlfahrer ein Abenteuer!

Das Trampolin besteht aus einem an zwei Seiten fixierten großen, breiten Gummiband, das beim Betreten und Befahren nach unten nachgibt. Da es nicht die Elastizität und den Aufwärtseffekt eines herkömmlichen Trampolins besitzt, kann es auch von Rollstuhlfahrern gut genützt werden. Für Rollstuhlfahrer ist dieses Spielgerät eine echte Mutprobe. Vor allem der Kippeffekt bei der Auffahrt auf das Trampolin ist mit einem starken Reiz verbunden. Durch Verlagerung des Gleichgewichtes und das Balancieren mit dem Oberkörper (Bewegungsaussteuerung) wird die Haltungskontrolle bewahrt und der lose, bewegliche Untergrund ausgeglichen.

Abb. 31: Das Trampolin
Martina hat das Ziel, das Trampolin aus Gummimatten ohne Sturz zu überqueren. Sie ist hoch konzentriert. Dabei kommt es zu assoziierten Bewegungen im ganzen Körper. Ihre Aufgabe ist die Haltungsbewahrung (das Gleichgewicht um die Körpermitte) bei gleichzeitiger Bewegung auf einem dreidimensional beweglichen Untergrund. Dies erfordert schnelle, permanente und komplexe Anpassungsreaktionen. Die Anstrengung ist Martina anzusehen.

Beim Befahren oder Betreten des Gummibandes wird eine wackelige und schaukelige dreidimensionale Bewegung erlebt. Je mehr Kinder gleichzeitig auf dem Trampolin sind, desto intensiver wird die Bewegung. Für kleine Spielgruppen ist das Trampolin ein beliebter Treff- bzw. Sammel- oder Ruheplatz. Liegen alle Kinder auf dem Rücken oder Bauch und ein Betreuer geht langsam zwischen ihnen durch, dann können die Kinder feine, kleine Bewegungen spüren, die zu einer optimalen Entspannung und intensiven Körperwahrnehmung führen.

Abb. 32: Das Trampolin
Das Trampolin ist ein geeigneter Sammelplatz für die Kinder. Die räumliche, optische Begrenzung gibt den Kindern eine Orientierungshilfe.

4.10.2. Hängebrücke

Die Hängebrücke besteht aus dicht aneinandergereihten Holzplanken, die durch Ketten flexibel miteinander verbunden sind.

Beim Laufen über die Hängebrücke kommt es wie beim Trampolin zu einer dreidimensionalen Bewegung, die durch Tempo und Eigengewicht des Darüberlaufenden bestimmt wird. Die Masse der Brücke dämpft die Schwingungen und rhythmisiert sie. Anders als beim Trampolin unterstützt die Rhythmik der Bewegung der Hängebrücke den festen Stand und die Haltungsbewahrung. Im Vergleich mit festem Untergrund verlangen Hängebrücke und Trampolin hohe Koordinations- und Konzentrationsleistungen von den Kindern (siehe Abb. 3).

4.10.3. Tauhängebrücke

Abb. 33: Die Tauhängebrücke
Stefan verfügt beim Überqueren der Tauhängebrücke bereits über automatisierte Bewegungsmuster, die er spielerisch einsetzen kann. Für ihn steht nicht mehr das Handlungsziel, über die Brücke zu kommen, im Mittelpunkt, sondern das Ausprobieren von kreativen Bewegungsformen auf diesem Spielgerät (schnell, vorwärts, rückwärts, seitwärts . . .)

Zwei Längshölzer mit dazwischengespannten Seilen bilden die Tauhängebrücke. Sie bietet vor allem auch rollstuhlfahrenden Kindern einen „abenteuerlichen" Übergang. Durch das Gewicht geben die Taue beim Befahren etwas nach, wodurch eine leichte Schaukelbewegung entsteht. Bewegungsängstliche Kinder finden an diesem Spielgerät gute Möglichkeiten, sich an Bodenunebenheiten und dadurch notwendige kleine Haltungsveränderungen anzupassen, die im Alltag sehr häufig vorkommen (Kopfsteinpflaster, Waldboden, Kies).

4.10.4. Wackelsteg

Abb. 34: Der Wackelsteg
Die Kinder sehen auf den nächsten Balken, die visuelle Information wird umgesetzt in die Bewegungsplanung für den folgenden Schritt. Das Festhalten an den Handläufen fixiert den Oberkörper und erhöht den Bewegungsspielraum der Beine.

Gleichlange Rundhölzer, die mit Eisenketten zu einer beweglichen waagrechten Leiter verbunden sind, bilden den Wackelsteg. Zum Festhalten stehen beidseitig Handläufe aus Holz zur Verfügung. Der Wackelsteg stellt hohe Anforderungen an Gleichgewicht, Haltungsanpassung, Haltungsbewahrung, Bewegungsgeschicklichkeit und die schnelle Abstimmung von visueller Wahrnehmung und Bewegungsplanung. Durch das Festhalten an den Handläufen stabilisiert sich das Kind vom Oberkörper her. Es kann mit dem Becken und den Beinen die Bewegungen der Sprossen ausgleichen. Zusätzlich erfordern die Querbewegungen der Hölzer hohe Konzentration bei der Planung der nächsten Schritte. Die Koordination von Augen- und Beinkontrolle spielt an diesem Spielgerät eine wichtige Rolle. Steigerungen des Schwierigkeitsgrades dieses Bewegungsablaufes sind Seitwärts- und Rückwärtsgehen.

4.10.5. Gummitreppe

Abb. 35: Die Gummitreppe
Bei tiefliegendem Körperschwerpunkt und ausreichend großer Auflagefläche geben flexible Spielunterlagen den Kindern Halt, Sicherheit und vermitteln intensive Körperwahrnehmungen.

Die Gummitreppe wird von den Kindern gerne begangen. Über die Gummitreppe kann das obere Spielplateau auch krabbelnd erreicht werden. Das griffige, weiche Gummimaterial bietet den Kindern eine interessante und schwierige Variante des Treppensteigens. Die Abwärtsbewegung jedes Schrittes wird durch das Nachgeben des Gummimateriales verstärkt. Diese Bewegung auszugleichen erfordert gute Körperbeherrschung und eine exakte Vorausplanung des nächsten Schrittes. Beim Hochkrabbeln liegt der Körperschwerpunkt tief, nahe an der Gummitreppe. Dies vermittelt den Kindern ein Sicherheitsgefühl, das durch die Weichheit und Nachgiebigkeit des Materials angenehm verstärkt wird.

Abb. 36: Die Gummitreppe
Stefan hat sich vorgenommen, freihändig die Treppe hinunterzugehen. Die Abwärtsbewegung seines Schrittes von einem Gummiband zum anderen verstärkt sich durch die Tiefbewegung, die in eine leicht rückfedernde Hochbewegung des Bandes übergeht und sich dann horizontal dämpft. Jetzt erst kann Stefan seinen Stand stabilisieren. Aus einer starken Beugung heraus, durch die er seinen Schwerpunkt nach unten verlagert, setzt er zum nächsten Schritt an. Oberkörper und Arme sind in die Balancebewegung eingebaut. Der erhöhte Muskeltonus und die Anspannung des gesamten Körpers drücken sich in den Fingern aus: „Angespannt bis in die Fingerspitzen!"

4.10.6. Balancierbalken

Schwebebalken, runde und eckige Balancierbalken verbinden das untere mit dem oberen Spielplateau. Sie bieten eine weitere Möglichkeit der Erprobung des eigenen Stehvermögens. Vorwärts-, Seitwärts- und Rückwärtsgehen sind Erschwerungen des Bewegungsablaufs. Voraussetzung für die Benützung der Balancierbalken sind gute räumliche Wahrnehmung (Abschätzen der Tiefe) und eine realistische Einschätzung der eigenen Fähigkeiten.

Abb. 37: Balancierbalken
Balancierbalken sind Aufstiegsschrägen, die eine sehr gute Körperbeherrschung voraussetzen. Am lose gespannten Seil sichert sich Thomas bei dieser Aktivität ab.

4.11. Netze

Die Beweglichkeit und die Durchsichtigkeit der Netze macht diese Geräte zu einem interessanten und spannenden Spielangebot. Zum Klettern am Netz benötigen die Kinder gutes Körpergefühl und sichere Bewegungsplanung, um Griffe und Tritte sicher setzen zu können. Mit den Augen kontrolliert das Kind, ob es sich auf Hände und Füße verlassen kann, und schaut nach den nächsten Tritten und Griffen, die es verwenden will. Es lernt in die Tiefe zu sehen, ohne das Gleichgewicht zu verlieren.

Abb. 38: Der Kletternetztrichter
„Blick von oben aus der Perspektive von unten".

4.11.1. Kletternetztrichter

Der Kletternetztrichter verbindet die obere mit der unteren Spielebene und endet im Sandkasten unter dem Plateau. Er bietet den Kindern vertikale Auf- und Abstiegsmöglichkeiten. Die Kinder finden beim Klettern für Hände und Füße ringsherum Griff- und Trittmöglichkeiten. Die Tiefenangst wird durch die vielfältigen Sicherungsmöglichkeiten vermindert. Auf Höhe des Plateaus geht der Kletternetztrichter in ein waagrechtes Netz über. Hier bewegt man sich am besten „spinnenartig" und setzt alle vier Gliedmaßen ein. Freihändiges Gehen auf dem Netz stellt hohe Anforderungen an Gleichgewicht und Körperbeherrschung. Die Transparenz des Netzes macht dabei den waagrechten Teil des Netzes zu einer Mutprobe.

Abb. 39: Der Kletternetztrichter
Das Festhalten an den Aufhängungsseilen gibt den Kindern Vertrauen beim Blick in die Tiefe und unterstützt die Gleichgewichtsfunktion. Das Gehen auf dem Kletternetz setzt den Zusammenschluß von Auge-Handkoordination, Auge-, Fußkoordination und gute Gleichgewichtskontrolle voraus. Die Mobilität des Netzes und der Blick auf den Boden verlangen Mut.

4.11.2. Schräges Kletternetz

Am schrägen Kletternetz kann das Kind die Größe seiner Schritte und Griffe selbst bestimmen. Da man beim Klettern durch das Netz bis auf den Boden schaut, benötigt man viel Überwindung und Vertrauen in die eigenen Fähigkeiten, um nicht aus dem Gleichgewicht zu kommen.

Abb. 40: Das schräge Kletternetz
„Um die Wette!"

4.11.3. Auf- und Abstiegsmöglichkeiten

Je nach ihren Fähigkeiten können die Kinder über schräge und senkrechte Spielgeräte auf- und absteigen. Auf- und Abstiegsgeräte sind Kletter- und Balancierschrägen, Rutschen, Kletterstangen, Leitern, Seile, Reifenturm, Gummitreppe und Rampe. Die Geräte zum Aufstieg erfordern Kraft, Gleichgewicht, Körperbeherrschung und gute Raumwahrnehmung. Nach Überwindung der Hürden hat sich die Anstrengung gelohnt: neue Erfahrungen, Stolz, daß man es geschafft hat. Die Neugier auf ein neues Bewegungserlebnis war größer als die Angst davor. Beim Abstieg wird dann die Faszination des schnellen Gleitens z. B. auf der Rutsche, an einem Seil oder an der Kletterstange erlebt. Ein Nervenkitzel ist es allemal, vom Plateau aus den Abstieg an der Kletterstange zu wagen.

Abb. 41: Die Gummirutsche
Mit Hilfe des langen Hanfseils wird die Gummirutsche zur Aufstiegsmöglichkeit. Im Stehen fühlt sich Stefan auf der Gummirutsche noch nicht sicher, daher meistert er den Aufstieg mit den Knien. Dies gibt ihm eine sichere Grundlage für die Armbewegungen, mit denen er sich nach oben zieht.

Abb. 42: Die Gummirutsche
Auf der Gummirutsche beherrscht Sebastian das Rutschen im freien Sitz. Die Arme breitet er zur Balance aus und um zu zeigen: „Schaut mal, was ich kann!"

Abb. 43: Die Hühnerleiter
Leichter ist der Aufstieg an der Hühnerleiter. Die Unterlage zum Klettern ist fest, die Querleisten strukturieren die Bewegungssequenz: Stefan bewegt sich von Leiste zu Leiste nach oben. An jeder Leiste sichert er den Stand und kann eine Pause einlegen. An der fehlenden Seilspannung erkennt man, daß Stefan mehr auf das Festhalten mit der rechten Hand vertraut ...

Abb. 44: Die schräge Reifenleiter
An der schrägen Reifenleiter finden die Kinder viele Möglichkeiten, sich mit kurzen oder weiten Griffen zu sichern, kleine oder große Schritte zu gehen. Die Form der Reifen vermittelt beim Klettern Halt und Geborgenheit. Die Nähe des Körpers zum Spielgerät macht die Reifenleiter auch für bewegungsängstliche Kinder zu einem erfolgversprechenden Klettergerät.

Abb. 45: Die Reifenwand
An der Reifenwand kann Stefan schaukeln oder hoch-tief, quer und diagonal klettern. Der Auf- und Abstieg erfordert beim Übergang vom Plateau in die Reifenwand, und umgekehrt, daß sich die Kinder auf ihre Armkraft, Beinkraft und ihr Körpergefühl verlassen können. Bei dieser Aktivität wird der Körperschwerpunkt nach außen verlagert. Die Nähe zum Gerät wird aufgegeben. Diese Bewegung des Kippens in den „leeren Raum" kann als Verlust von Sicherheit und als Tiefenangst erlebt werden. Beim Erlernen dieses Bewegungsablaufes müssen Hilfestellungen eingeplant werden.

Abb. 46: Der Reifenturm
Am Reifenturm wird der feste Stand über die Vorfußbelastung gewonnen. Ein seitliches Abschwingen versucht Tanja zu vermeiden, indem sie sich auf die Körpermitte konzentriert.

Abb. 47: Die Steigleiter
Die Steigleiter aus beweglichen Sprossen und Tauen: „Die hohe Kunst des Auf- und Abstieges!"

Abb. 48: Die Kletterstange
Für den Auf- und Abstieg an der Kletterstange braucht Tanja exakte Bewegungsplanung, Kraft und Ehrgeiz.

4.12. Zugänge zu den Spielgeräten für Rollstuhlfahrer

4.12.1. Rampe

Eine breite Holzrampe ist für Rollstuhlfahrer die einzige Auffahrtsmöglichkeit zum oberen Spielplateau. Sie ist durch eine hohe Randleiste und ein Geländer gesichert, von ihrer Neigung her so angelegt, daß die Kinder mit etwas Kraft allein nach oben fahren können. Die Rampe ist so breit, daß zwei Rollstuhlfahrer aneinander vorbeifahren können. Die angedeutete S-Form der Rampe verhindert zu hohes Tempo beim Abfahren. Durch die häufige Benützung der Rampe verbessert sich die Selbständigkeit der Kinder im Umgang mit dem Rollstuhl: Berg-, Tal- und Kurvenfahren, Beschleunigen und Bremsen, Ausweichen vor Hindernissen erweitert die Handlungsfähigkeit im Alltag.

Abb. 49: Die Rampe
Auch die Beherrschung des Rollstuhles auf abschüssiger Strecke will gelernt sein.

Abb. 50: Die Rampe im Schnee
Im Winter wird die verschneite Rampe zur Schlittenbahn. Bernd, der im Schnee auf Gehhilfen angewiesen wäre, kann sich am Geländer festhalten, selbständig die Rampe hochgehen und dabei auch noch seinen Schlitten ziehen.

Anstelle des Rollstuhls können auch andere Fahrzeuge wie Fahrräder, Kettcars, Rollbretter zum Befahren verwendet werden.

Im Winter wird die Rampe zu einer idealen Schlittenbahn. Kinder, die auf Gehhilfen angewiesen sind, können sich beim Hochgehen am Geländer festhalten und dabei ihren Schlitten ziehen. Das ermöglicht ihnen selbständiges Schlittenfahren.

4.12.2. Rollstuhlparcours

Das obere Spielplateau ist so angelegt, daß auch die Kinder, die sich im Rollstuhl bewegen, Möglichkeiten für selbständige Bewegungserfahrungen und Erlebnisse finden. Die Kinder fahren die Rollstuhlrampe hoch, über die Wippe, auf das Trampolin, über die Brücken und auf der Rampe wieder hinunter. Sind Hilfspersonen anwesend, kann auch eine der zwei Rutschen als Abstiegsmöglichkeit gewählt werden.

Abb. 51: Die Rampe im Schnee: „Nochmal!"

4.13. Unter dem Spielplatzplateau

4.13.1. Untere Spielebene

Die untere Spielebene ist ein großer, durch die Abstützpfeiler des Plateaus begrenzter, überdachter Raum. Im Sommer bietet er sich als Schattenspender, Zufluchtsort und bei kurzen Regenschauern als Unterstand an. In dieser Spieletage sind verschiedene Turngeräte angebracht: eine Reckstange, ein Hängebarren und zwei Seile, die an beiden Enden an der Decke befestigt und wie ein Barren zu benützen sind. Kraftspiele wie Klimmzüge, an den Barren hängen, um das eigene Körpergewicht zu spüren, sich mit den Knien am Barren einzuhängen und mit dem Kopf nach unten zu schaukeln, können von Kindern mit guter Armkraft bewältigt werden. Außerdem gibt es auf dieser Spielebene Vorrichtungen, um Bälle und Kegelkugeln aufzuhängen. Ein Sandkasten mit erhöhtem Rand ergänzt die Spielmöglichkeiten unter dem Plateau. In der Mitte des Sandkastens befindet sich der zur oberen Ebene führende Netztrichter.

Mitarbeiter, Kinder und Elterninitiativen können diesen Raum je nach aktuellen Bedürfnissen (Sommerfest, Theateraufführung, Kunstunterricht) für besonders betreute Spielaktionen selbst gestalten und verändern. Der Spielablauf wird als freies Spiel oder mit vorgegebenen Durchgangsrouten geplant. Beispiele für solche Spielaktionen sind:

Abb. 52: Untere Spielebene

Abb. 53: Untere Spielebene
Im unteren Spielbereich finden auch Rollstuhlfahrer vielfältige Möglichkeiten zum selbständigen Spiel.

Abb. 54: Untere Spielebene

Hindernisstrecke: Verschiedene Vorhänge, Trennwände und Mobiles aus unterschiedlichen Materialien wie Stoffe, Plastikbänder, Holzkugelketten, Bambusröhren, Blechdosenketten, Spiegelfolie, Wollschlangen und Wollzöpfe können Verwendung finden. Der Phantasie sind kaum Grenzen gesetzt. Ob weich oder hart, glitzernd oder blinkend, fast alle Materialien können verwendet werden. Mit Blechdosen und Bambus können akustische Signale erzeugt werden. Eine kleine Hütte zum Ausruhen und für das gemeinsame Spiel im abgegrenzten Raum könnte einen solchen Parcours abrunden.

Irrgarten: Auslegen verschiedener Wegstrecken, die durch Stoffe, festes Papier, Spiegelfolien und Raumteiler abgetrennt werden.

Geisterbahn: Die Geisterbahn kann eine Mischung aus Hindernisstrecke und Irrgarten mit Gruseleffekten wie Geistern, Fäden, Farbpunkten, Lichteffekten (Taschenlampe) und spritzendem Wasser, z.B. aus einer Wasserpistole, sein. Die Kinder können auf Rollbrettern oder Rollstühlen die Geisterbahn durchfahren oder durchgeschoben werden.

Im Rahmen solcher Aktionen können die Kinder neue Wahrnehmungserlebnisse gewinnen, neue Handlungsaktivitäten entwickeln, ihre Selbstwahrnehmung, Raumerfahrung und Orientierung schulen.

Abb. 55: Untere Spielebene
Beim Ballspielen fangen Kinder den Ball auf, laufen einem Ball nach und heben ihn auf. Ein Ball, der an einer Schnur hängt, schwingt immer wieder zurück. Sebastian kann ihn aus der Sitzposition erreichen und Ball spielen.

4.14. Wasser-, Matsch- und Sandbereich

Wasser und Sand ist das am wenigsten vorgeformte Spielmaterial und ermöglicht Kindern aller Altersstufen eine Fülle an Spielaktivitäten und wichtigen Erfahrungen im physischen und psychischen Bereich. Die Materialeigenschaften des Sandes setzen deutliche taktile und kinästhetische Informationen und Reize an die Haut und Gelenke. Sand kann trocken und naß sein, grobkörnig oder fein. Trockener Sand ist warm bis heiß und nicht formbar, während nasser Sand kühl und gut zum Bauen und Gestalten geeignet ist. Sand ist schwer und gibt Widerstand. Dies unterstützt die Wahrnehmung.

Viele körperbehinderte Kinder gehen sehr zögernd das Spielen im Sand an: Sie tippen zunächst nur mit einem Finger in den Sand und tasten sich langsam vorwärts. Dann erfolgt die Entdeckung des Materials: mit den Händen oder einer Schaufel Gefäße füllen und ausleeren, sieben, zerteilen, Spuren zeichnen, Berge schaufeln, graben, klopfen und Löcher bohren. Die Entdeckung, daß Sand in Verbindung mit Wasser formbar ist, eröffnet neue kreative Freiräume: Kuchen kann gebacken, Wasserstraßen, Kanäle, Tunnel und Burgen können gebaut werden. Zur weiteren Gestaltung werden andere Materialien wie Steine, Hölzer und Muscheln herangezogen.

Abb. 56: Gesamtansicht Sand-Matsch-Bereich

Abb. 57: Matschbereich
„Schlammschlacht!"

Abb. 58: Matschbereich
Die Unterfahrbarkeit des Sandkastens ermöglicht Franzi das Spiel mit Sand. Die durch Abschlußrohre miteinander verbundenen Etagenbecken mit Randerhöhung erlauben das Mischen von Wasser und Sand. Die Randerhöhung nutzt Franzi zum Festhalten mit der linken Hand. Er stabilisiert dadurch seinen Oberkörper, um mit der rechten Hand besser schaufeln zu können.

Das Spielen in der Gemeinschaft wird gefördert, wenn die Kinder zusammen Schiffchen auf den gebauten Kanälen schwimmen lassen oder sich gegenseitig eingraben.

4.14.1. Großer Sandkasten

Der Sandkasten hat eine hohe Holzumrandung, die eine Sitzmöglichkeit bietet. Das Umsetzen des Kindes vom Rollstuhl in den Sandkasten wird dadurch erleichtert. Über eine Auffahrtsrampe zum Sand können Kinder im Rollstuhl auch in den Sandbereich hineingefahren werden.

4.14.2. Wasser- und Sandebenen

Die Sand- und Wasserkästen sind in verschiedenen Höhen so aufgestellt, daß sie mit Rollstühlen unterfahrbar sind. Große und kleine Kinder mit Rollstühlen finden ihre individuell passende Höhe, um Sand und Wasser gut zu erreichen. Das Anlegen von Bauchliegebrettern ist möglich.

Abb. 59: Matschbereich
Durch die erhöhte Position am sogenannten Bauchliegebrett kann Martina mit geringem Kraftaufwand in Richtung der Schwerkraft (von oben nach unten) spielen. In dieser Ausgangsstellung wird Martina ohne Muskeltonuserhöhung aktiv und führt Tätigkeiten aus, die ihr sonst schwerfallen würden.

*Abb. 60: Matschbereich
„Wasserspiele"*

Durch die verschieden hohen, mit Schleusen verschließbaren Ebenen entsteht ein Gefälle, das das Wasser zum Fließen bringt. Mit der Wasserpumpe kann Wasser in das höchste Becken gepumpt werden und von hier aus nach rechts und links abfließen. Im linken Abfluß fließt es in die Sandebenen, rechts in ein tieferes Wasserbecken. Oft haben Kinder mit Körperbehinderungen durch diese Konstruktion mit verschiedenen Ebenen erstmals die Gelegenheit, problemlos mit Sand und Wasser zu spielen. Der leicht erhöhte Rand der Spielbecken ist einerseits eine Begrenzung für Sand und Wasser, andererseits gibt er Kindern, die nur mit einer Hand spielen können, einen Halt. Die große Mühe, die es für Betreuer oft bedeutet, das Kind in den Sand zu heben oder hinter dem Kind zu sitzen und es zu halten, fällt weg. Auch das Säubern der Kinder von Sand und Matsch ist einfacher.

5. Planungs- und Konstruktionsaspekte

5.1. Auswahl der Spieleinrichtungen: Kriterienkatalog

Das zentrale Kriterium für die Auswahl der Spielangebote war die Barrierefreiheit der Spieleinrichtungen. „Barrierefrei" heißt für diesen Spielplatz, daß alle Kinder und Jugendlichen mit Körperbehinderungen Zugang zu den Spieleinrichtungen und Spielmöglichkeiten haben. Andere Auswahlkriterien für Spielangebote waren der Spielcharakter der Geräte, Mobilität, Preis, Qualität und Sicherheit des Spielgeräts. Ein weiterer Wertungspunkt in der Geräteauswahl und Planung der Spielanlage waren die Bewegungsformen, die durch bestimmte Spieleinrichtungen und insgesamt in der Spielanlage angeboten und ermöglicht werden sollten.

Personenkreis. Grundsätzlich sollte die Spielanlage für die Öffentlichkeit zugänglich sein und der Stadtteilversorgung dienen. Es wurde davon ausgegangen, daß der Spielplatz von Kindern ab einem Alter von etwa drei Jahren bis hin zu Erwachsenen, mit einem unterschiedlichen Entwicklungsstand von nichtbehindert bis schwerstbehindert und einem Aktivitätspotential von passiv bis hyperaktiv besucht werden würde.

Spielcharakter. Die Spieleinrichtungen sollten die Eigeninitiative anregen, weitgehend ohne Hilfestellung benützbar sein. Sie sollten kreatives Spiel, vielseitige Bewegungen anregen und fördern. Daß alle Spieleinrichtungen für alle Kinder (barrierefrei) zugänglich sein sollten, war das übergeordnete Prinzip aller Planungsüberlegungen.

Qualität. Die Auswahl qualitativ hochwertiger Geräte gewährleistet weitgehende Wartungsfreiheit, Wetterfestigkeit und ausreichende Tragfähigkeit auch für Erwachsene und schwere Elektrorollstühle, soweit die Spielangebote für Rollstuhlfahrer benützbar sind.

Sicherheit (DIN-Vorschriften). Während der architektonischen Planungsphase des Spielplatzes wurde deutlich, daß die gültigen Normen und Richtlinien keine spezifischen Angaben über behindertengerechte Spielangebote enthielten. Neue Wege mußten gefunden werden, um die DIN- und Normkonformität spezieller Spielmöglichkeiten für behinderte Kinder sicherzustellen. Als Orientierungspunkt dienten die gültigen DIN-Normen für Kinderspielgeräte, das Gesetz über technische Arbeitsmittel (Gerätesicherheitsgesetz) und die DIN-Vorschriften für behindertengerechte Wohnungen und bauliche Maßnahmen für Behinderte und alte Menschen (siehe Anhang 6).

Barrierefreiheit: Entwicklung neuer DIN-Vorschriften. Die Erkenntnis, daß die Spielbedürfnisse behinderter Kinder und die damit notwendig verbundenen Sicherheitsvorgaben in den einschlägigen Richtlinien und Normen bestenfalls ansatzweise berücksichtigt sind, veranlaßte den „Normenausschuß für Kinderspielgeräte" zur Einsetzung eines Unterausschusses. Dessen Aufgabe wird es sein, einen Normenvorschlag für behindertengerechte, „barrierefreie" Spieleinrichtungen zu erarbeiten. Es ist gegenwärtig noch nicht abzusehen, wann das neue Regelwerk in Kraft treten wird. Absehbar ist, daß mit DIN-Normen für barrierefreie Spielanlagen die Planer, Gemeindevertreter, Politiker, Spielplatzträger, Sicherheitsfachleute und Spielgerätehersteller mit rechtlichen Vorgaben arbeiten müssen, die zukünftige Spielplätze behindertengerechter werden lassen.

Bewegungsangebote aus der Planungsperspektive

1) Horizontale Fortbewegung (kriechen, krabbeln, rollen, gehen, laufen, springen, hangeln)
2) Vertikale Fortbewegung (hüpfen, klettern, hängen, federn)
3) Schräge Fortbewegung (rutschen, fast alle horizontalen und vertikalen Fortbewegungsformen)
4) Achsenbewegungen (schaukeln, wippen, drehen, schwingen)
5) Fortbewegung auf Rädern (Rollstuhl, Kett-Car, Dreirad, Roller, Holländer)
6) Balance (die oben beschriebenen Fortbewegungsarten, auf runder, ebener, gewellter, schräger Unterlage, verschiedenen Materialien, verschiedenen Breiten und Höhen)
7) Variationen (rollend, federnd, rutschend, bewegen auf schwingendem Untergrund)
8) Konstruktiv handelnde Spielaktivitäten mit Material (tragen, bauen, formen, klopfen, ziehen, stoßen, schieben, drehen, stekken, graben, heben, werfen, plantschen, pumpen).

5.2. Freispielanlage: architektonische Problemstellungen

Freispielanlagen bieten Bewegungsmöglichkeiten, die sich von der Bewegung in Räumen durch die Großräumigkeit des Geländes unterscheiden und qualitativ andere Verlangsamungs- und Beschleunigungserfahrungen (Steigungen und Neigungen) zulassen, als dies in Räumen möglich ist. Das Spiel im Freien bietet den Kindern vielfältige sensorische Eindrücke von Luft, Wind, Feuchtigkeit, Schatten, Licht, Sonne, Wärme und Kälte.

Grundlage der Konstruktionsplanung einer Freispielanlage ist die Erfassung der Geländebeschaffenheit und die Berücksichtigung der vegetativen Voraussetzungen des Geländes. Die architektonische Aufgabenstellung ist es, die für die Spielanlage erarbeiteten Kriterien und die ausgewählten Spieleinrichtungen mit den variierenden Vorgaben des Geländes (Hügel, Hänge, Böschungen, Steigungen, Gefälle, ebene Flächen, bereits vorhandene Wege, natürliche Windungen) und dem bestehenden Pflanzenbewuchs (Grasflächen, Beete, Hekken, Büsche, Bäume) in Übereinstimmung zu bringen. Es ist zu überlegen, wo bereits vorhandene Strukturen übernommen werden können, um Spielzonen wie beispielsweise Bewegungsbereiche (für Ballspiele, Mannschaftsspiele), Schaukelbereich, Kletter- und Turnbereich, Freispiel- und Konstruktionsspielbereiche (Wasser- und Sandbereich), Fahrbereich, Ruhezonen und Kommunikationsbereiche voneinander abzuheben oder, wo es sinnvoll erscheint, sie miteinander zu verbinden. Die Spielanlage sollte strukturell durch ein „Funktionsnetz" überzogen und gegliedert sein.

Vorgegebene Strukturen können durch Sträucher, Beete und Wege ergänzt werden. Einzelne Spielzonen sind voneinander abgrenzbar durch unterschiedliche Gestaltungen ihres Untergrunds (Rasen, Wiese, Sand, Kies, Holz, Baumrinde, Pflaster, Fallschutzplatten und Kunststoffböden). Die unterschiedlichen Materialien geben den Kindern taktile und optische Orientierungshilfen, um spezielle Spielangebote zu finden und verschiedene Spielareale voneinander abzugrenzen.

Einzelne Spielzonen sollten so miteinander verbunden werden, daß Entscheidungsbereiche für verschiedene Spielangebote unterschiedlicher Schwierigkeitsgrade miteinander vernetzt sind. Bewegungsareale (Schaukelbereich, Ballspielbereich) wechseln sich mit Ruhezonen ab. Dies dient einerseits der Sicherheit der spielenden Kinder, es unterstützt andererseits aber auch wieder die Abgrenzung unterschiedlicher Aktivitätszonen voneinander und die Wahrnehmung dieser Spielangebote durch die Kinder. Diese Konzeptionskriterien wurden ergänzt durch Anordnungen, die die Kinder zu einer fortlaufenden Benützung verschiedener Spieleinrichtungen im Sinne einer Spielstraße auffordern, oder durch ihren funktionalen Zusammenhang einen Spielparcours bilden.

Ruhezonen und Spielareale, in denen sich die Kinder länger aufhalten (z. B. Sandkasten), bedürfen ausreichender Beschattung durch Büsche, Hecken und Bäume. Überdachungen wie auch die Verwendung von Sonnensegeln sind denkbar. Zusammen mit der Vielgestaltigkeit der Spieleinrichtungen sind es die landschaftlichen Variationen und die Vielfalt der Bepflanzung, die den Spielplatz zu einem interessanten Entdeckungsfeld werden lassen.

5.3. Konzeptbeschreibung

Die Konzeptentwicklung der Spielanlage wurde wesentlich durch drei Aspekte bestimmt:
1) Behinderte und nichtbehinderte Kinder sollten auf diesem Spielplatz zusammen spielen können (öffentlicher Spielplatz).
2) Alle Spieleinrichtungen sollten für alle Kinder erreichbar und soweit möglich benützbar sein.
3) Die verfügbaren Flächen waren begrenzt. Darüber hinaus mußten Anforderungen des Denkmalschutzes berücksichtigt werden.

5.3.1. Die Spielanlage mit zwei Spielebenen

Eine Lösung dieser Aufgabenstellungen entwickelte sich bald anhand von Überlegungen für eine zweigeschossige Spielanlage. Ein integratives Spielangebot für behinderte und nichtbehinderte Kinder mit bespiel- und befahrbarem Dach wurde zur Grundidee der Spielplatzkonstruktion. Durch Spielangebote mit differenzierten Schwierigkeitsgraden und durch die Kombination verschiedener Spielangebote werden variierbare Spielabläufe für alle Kinder möglich.

Mittels einer rollstuhlgerechten Rampe mit 6%iger Steigung, die durch die Abwinkelung zu einem gesicherten bespielbaren Fahrparcours wird, ist die obere, zwei Meter hohe Spielplattform erreichbar.

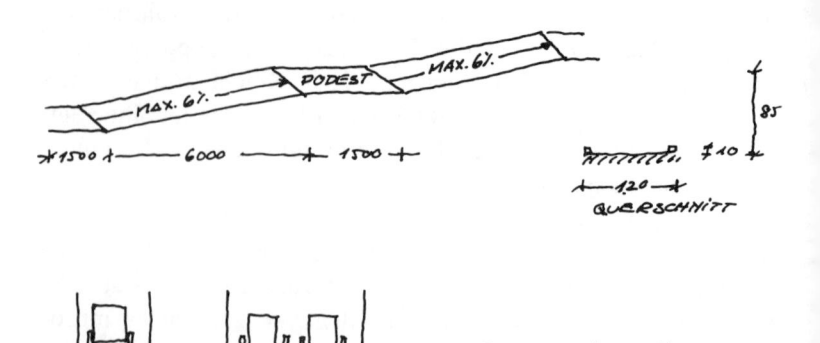

Abb. 61: Konstruktionsskizze der Rampe

Die obere Plattform kann ebenerdig unterfahren werden. Gefällearme Bodenbeläge, soweit notwendig mit falldämpfenden Eigenschaften, wurden für diese untere Spielebene verwendet. Sitzangebote auf beiden Spielebenen fördern die Kommunikation (Ruhebereiche).

Ausreichende Dimensionierungen und Flächenbereitstellungen ermöglichen es vielen Rollstuhlfahrern, die Spielangebote gleichzeitig zu benützen. Hochgesetzte Ein- und Ausstiege bei den Anbauspielgeräten (Rutschen) erleichtern Rollstuhlfahrern das Überwechseln vom Rollstuhl auf das Spielgerät und bieten bewegungsunsicheren Kindern Sicherheit und Halt. Variierende Angebote für den Auf- und Abgang zur oberen Spieletage, wie z. B. Hanftaue, Gummibandmaterial, Reifen, Holz und Metall sind Möglichkeiten für unterschiedliche Materialerfahrungen. Eine breite Rutsche und eine schmale Rutsche mit speziell hochgezogenen Seitenwannen (Wannenrutsche) und speziell konstruiertem Ausrutschbereich laden die Kinder dazu ein, verschiedene Arten des Rutschens zu entdecken. Für Hilfestellungen sind gesonderte Ausstiege vorgesehen, die gleichzeitig auch als Kurzrampen für leere Rollstühle ausgebaut sind.

Der obere Spielbereich ist als Rollstuhlfahrparcours mit verschiedenen neuentwickelten rollstuhlbefahrbaren Spielangeboten, wie einer Rollstuhlwippe mit beweglichen Auffahrrampen und einem Gummibandtrampolin, konzipiert. Mittels Rollstuhlübergängen wie Förder-

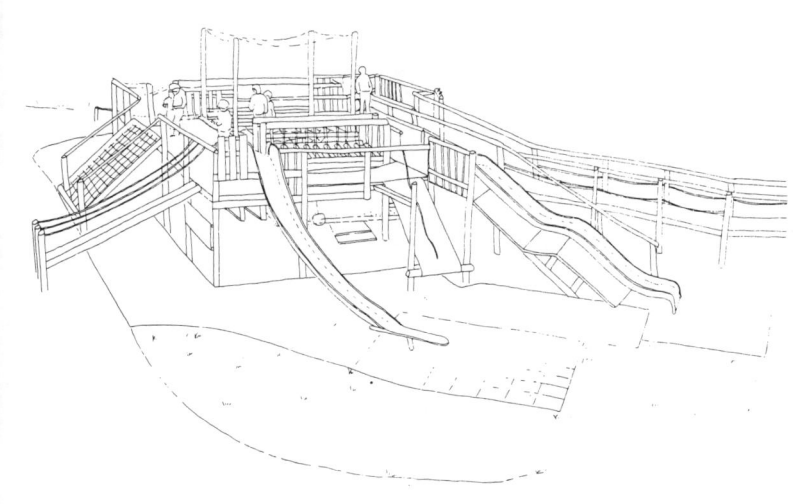

Abb. 62: Planskizze der zweigeschossigen Spielanlage

bandbrücke, Hängebrücke, Wackelsteg, Taubrücke mit Bohlenfahrspur können auch Kinder in Rollstühlen von Podest zu Podest fahren und dabei unterschiedliche Schwierigkeiten meistern.

Ein allseitig umfahrbarer Netztrichter aus Herkulesseilen bietet bewegungsgeschickteren Kindern einen gefahrlosen Abstieg nach unten, in eine für Rollstuhlfahrer angehobene Sandspielfläche. An diesen Sandkasten sind schräge Liegespielbretter mit verstellbaren Fußrasten angebaut, um Kindern, die nicht selbständig sitzen können, das Sandspielen zu erleichtern. In dieser ebenerdigen Spieletage werden, durch die Stützkonstruktionen bedingt, Nischen und Spielekken angeboten. Sportliche Spielangebote wie Rollstuhlbarren, Hangelseil, höhenverstellbare Turnringe, Hängebälle, Schaukelsitze und Reckstangen, die auch für Therapiezwecke geeignet sind, können hier installiert werden.

5.3.2. Sand-Wasser-Matschbereich

Für diesen Spielbereich wurden unterfahrbare Spieltische und Spielrinnenelemente konzipiert, die in einer Art Verbundsystem auf unterschiedlichen Spielhöhen zusammenhängen. Über eine Frischwasser-Schwengelpumpe, die auch für Kinder im Rollstuhl gut erreichbar ist, kann den sandgefüllten Becken über Verteilerrinnen Matschwasser zugeführt werden. Die Trocken- und Feuchtsandberei-

Abb. 63: Planskizze des Sand-Wasser-Matschbereiches

che sind kombinierbar. Durch die winklige Konstruktion und Formgebung wird an den relativ schmalen Spieltischen das Sand-Wasser-Spiel auch für behinderte Kinder miteinander möglich, indem sie sich gegenübersitzen. An den Enden des hufeisenartig angeordneten Spielsystems sind jeweils Frischwasserbecken, in denen die Kinder plantschen und mit Schiffchen spielen können. Ein angehobenes Sandbecken-Areal mit Einrutschrampen wurde für das Graben, Backen und Bauen im Trockensandbereich angelegt.

Angebote vorgefertigter Bauelemente für diesen Spielbereich wurden während der Planung und Konstruktion dieses Spielplatzes auf dem Spielgerätemarkt nicht angeboten. Spezielle Konstruktionen und eine Anordnung von Sand-Wasser-Becken in unterschiedlichen Höhen waren notwendig, um den Wasserdurchlauf von der Pumpe bis zum Sandbereich zu ermöglichen. Die Entwässerung der Sandspielbereiche erfolgt durch verschiedene Abflußmöglichkeiten.

5.3.3. Schaukelbereich

Die Planung des Schaukelbereiches erfolgte unter Berücksichtigung verschiedener Behinderungsgrade. Eingehängt in eine tragende Holzkonstruktion wurde ein miteinander verbundenes Schaukelsystem aus flexiblem Herkulesseil konzipiert. Zu den Schaukelgeräten gehören eine halbgeschlossene Hängematte und eine Flachhängematte für das Schaukeln im Liegen. Die Hängematten können vom Rollstuhl aus erreicht werden. Herkulesseile als Hängemattenmaterial sind griffreundliche, sehr haltbare nylonummantelte Stahlseile. Gemeinsames Schaukeln von behinderten und nichtbehinderten Kindern ist problemlos möglich. Die Schaukelelemente sind so angeordnet, daß ein Schaukeln aufeinander zu möglich ist. Für den Sitzschaukelbereich wurden spezielle Schaukelsitze konstruiert. Dazu gehört ein Schaukelsessel, Schaukelsitze mit hohen Rückenlehnen und Sicherung, Doppelreifensitze und Gurtsitze. Fallschutzplatten dienen der Sicherheit in diesem Spielbereich.

Abb. 64 u. 65: Planskizzen des Schaukelbereiches

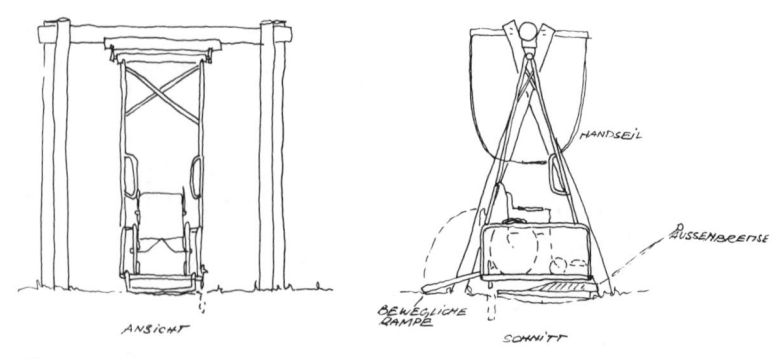

Abb. 66: Planskizze der Rollstuhlschaukel

Einen zweiten Schaukelbereich können besonders auch Kinder im Rollstuhl benützen. Die Rollstuhlschaukel ist dafür eine völlig neuartige Konstruktion. Sie wurde nach dem Prinzip der Stangenschaukel konstruiert. Das Auf- und Ausfahren auf die Schaukel erfolgt über eine Rampe, die hochgeklappt zur Sicherheitswand beim Schaukeln wird. Die Schaukelbewegungen können durch Eigenbewegungen oder Fremdhilfe ausgelöst werden.

5.3.4. Rollstuhlkarussell

Das Rollstuhlkarussell ist ein neu entwickeltes Dreh-Spielangebot, das durch seine neuartige Konstruktion von Kindern im Rollstuhl, von nichtbehinderten Kindern und von den Betreuern gemeinsam benützt werden kann. Über Rampen können Rollstühle auf die Drehebene einfahren. Hochgeklappt werden die Rampen zum Rückfahrschutz während der Drehbewegung des Karussells. Vier Kinder in Rollstühlen können gleichzeitig Karussell fahren. Auf den Zwischenstellflächen können weitere Kinder mitfahren. Die Drehbewegung wird mittels eines Drehtellers erzeugt. Eine spezielle Bremseinrichtung wurde zur Sicherung beim Einfahren und zur Vermeidung übermäßiger Drehbewegung eingebaut.

Angebote für ein Karussell, das Kinder mit Rollstühlen benützen konnten, wurden in der Zeit der Planung des Spielplatzes auf dem Spielgerätemarkt nicht angeboten. Das Rollstuhlkarussell ist ein Prototyp, der noch verbessert werden muß. Eine vollkommen eigenständige Benützung des Karussells vom Rollstuhl aus ist schwierig.

Die Betreuung von Kindern beim Karussellfahren ist aber auch aus Sicherheitsgründen notwendig. Die Spielgerätehersteller bemühen sich gegenwärtig um Weiterentwicklungen des Rollstuhlkarussells.

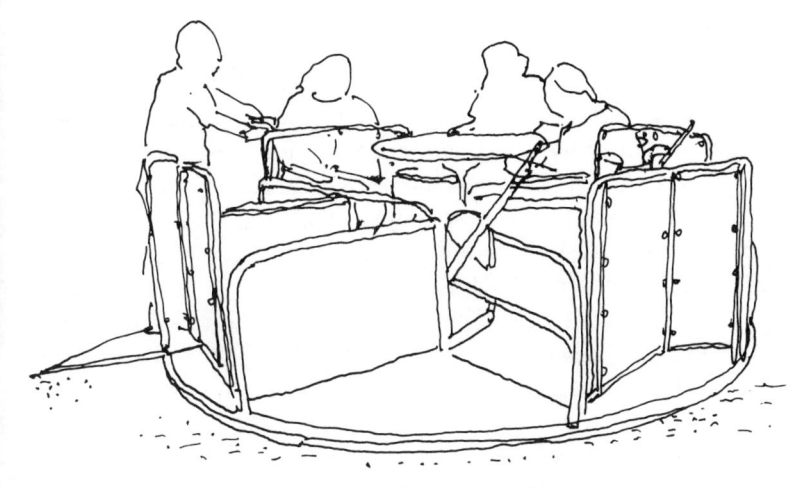

Abb. 67: Planskizze des Rollstuhlkarussells

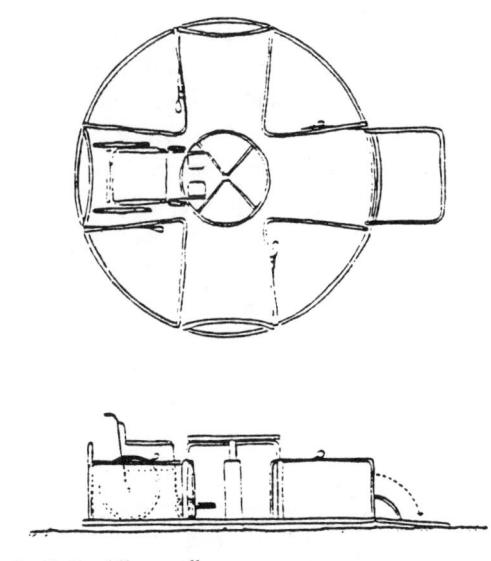

Abb. 68: Konstruktionsskizze des Rollstuhlkarussells

6. Schlußbemerkungen: „Wo Licht ist, ist auch Schatten!"

Der Wunsch nach einem Spielplatz, auf dem auch Kinder mit Bewegungseinschränkungen und Kinder mit mehrfachen Behinderungen spielen können, war der Ausgangspunkt unserer Überlegungen. Entwicklungsrisiken behinderter Kinder liegen oft nicht nur in ihrer eher ungerichteten passiven Spielhaltung. Risiken bestehen auch darin, daß die reduzierten Spielaktivitäten dieser Kinder häufig noch verstärkt wurden durch Einschränkungen ihrer Möglichkeiten, aktiv zu spielen, wie sie sich drastisch in den Spielangeboten öffentlicher Spielplätze zeigen. Es sind wohl auch solche Alltagserfahrungen, die diese Kinder manchmal von jüngstem Alter an resignieren lassen. Wir machten aber auch die Erfahrung, daß die gleichen Kinder, die resignativ und passiv alle Einschränkungen ihrer Aktions- und Spielmöglichkeiten hinnahmen, Freude und Begeisterung zeigten, wenn wir ihnen Körpererfahrungen und spielerische Aktivitäten anboten, die ihren Fähigkeiten entsprachen, z. B. beim Rutschen und beim Spielen mit Sand. Die pädagogisch-therapeutische Schlußfolgerung, daß sich mit solchen Situationen des Involviertseins in die eigene Tätigkeit und der Freude daran auch die tiefsten Lernerfahrungen für die Kinder verbinden, lag auf der Hand. Den Versuch, diese Beobachtung praktisch in Spiel- und Handlungsangebote umzusetzen, spiegelt der beschriebene Spielplatz für alle Kinder. Zum Schluß bleibt noch zu berichten, welche Erfahrung die Kinder mit dem Spielplatz machten, wie sie die Spielangebote erlebten und annahmen. Es geht auch darum, zu berichten, inwieweit unsere Erwartungen sich erfüllten. Wir werden uns dabei um eine redliche Darstellung bemühen, Enttäuschungen und Schattenseiten, die es auch gibt, nicht verbergen.

Akzeptanz der Anlage. Wir beginnen mit den positiven Erfahrungen. Die große Akzeptanz, die die Spielanlage sofort nach ihrer Eröffnung gefunden hat, übertraf selbst optimistische Erwartungen. Nicht nur jüngere Kinder, auch die skeptisch gestimmten Jugendlichen und jungen Erwachsenen unserer Schule und Ausbildungsstätten haben die Anlage sofort und mit sichtbarer Begeisterung angenommen. Für die „Kleinen" ist dies ein Platz zum Spielen und Toben in den Unterrichtspausen und am Nachmittag. Die „Großen" nützen den Spielplatz vor allem auch als Treffpunkt, als Platz zum Zusammensitzen und Reden. Die Spielanlage ist ein Ort des Spiels, der Bewegung, der Kommunikation und der Entspannung nach Lust und Laune.

Die Akzeptanz des Spielplatzes durch die Öffentlichkeit war überwältigend. Die Bayerische Landesschule für Körperbehinderte befindet sich in einer Wohngegend und der neue Spielplatz, der für die Öffentlichkeit zugänglich ist, wurde bei Kindern und Eltern der Umgebung überraschend schnell bekannt und beliebt. Inzwischen ist der Spielplatz bei schönem Wetter oft überfrequentiert. Für die hohe Akzeptanz der Spielanlage in der Öffentlichkeit spricht auch, daß die Eltern des Stadtteils, als der Spielplatz vor kurzem wegen einer umfassenden Sanierung der gesamten Einrichtung abgebaut werden mußte, heftig gegen die unvermeidliche vorläufige Schließung protestierten. Dabei soll nicht verschwiegen werden, daß in diesem Stadtteil Spielplätze rar sind.

Integrative Hoffnungen. An Nachmittagen kamen die Kinder aus der Nachbarschaft in großer Zahl. Häufig war es so, daß die Kinder und Jugendlichen unserer Einrichtung in der Minderheit gegenüber den nichtbehinderten Kindern des Wohnviertels waren. Ein Spielplatz, auf dem behinderte und nichtbehinderte Kinder gemeinsam spielen konnten, war das nicht eine großartige integrative Idee, mit der wir die ideologisch belasteten Diskussionen über Möglichkeiten und Unmöglichkeiten schulischer Integration behinderter Kinder praktisch umgingen? Der Spielplatz sollte ein Weg sein, um die oft kritisierte „Gettosituation" spezieller Einrichtungen für behinderte Kinder zumindest in unserer Schule teilweise aufzubrechen. In Zahlenverhältnissen ausgedrückt war dieses Ziel schon sehr befriedigend verwirklicht.

Wir würden den Leser „hinters Licht" führen, würden wir es bei dieser Darstellung belassen. Unsere integrativen Hoffnungen und Erwartungen waren zu hoch gewesen und die Schatten der Realität deshalb ein wenig enttäuschend. Es gab immer wieder Situationen, in denen nichtbehinderte und behinderte Kinder zu Spielkameraden wurden, sich gegenseitig halfen und spontane Kontakte aufnahmen. So sehr uns solche Beobachtungen immer wieder erfreuten, so wahr ist es

Ein wunderbarer Spielplatz

Es war ein wunderbarer Tag und ich ging zum ersten Mal auf den Spielplatz. Ich habe tief Luft geholt und ging dann los. Meine Freunde haben mich um den Spielplatz geführt und mir alles gezeigt. Am besten hat mir eine schwarze Gummimatte gefallen, an der ich mich mit einem Seil hochziehen konnte. Wenn wir die "Guten und die Bösen" gespielt haben, sind wir über die Wackelbrücke gelaufen. Als Schnee gelegen ist, haben wir immer eine Schneeballschlacht gemacht. Ich habe öfters mit meinem Freund Murat Verstecken gespielt. Am Schluß haben wir mit der Rennertschule Osterkörbchen gesucht. Mein Osterkörbchen war in einem Gebüsch.

Abb. 69: „Ein wunderbarer Spielplatz" – Martin, 11 Jahre

auch, festzustellen, daß spontane Kontakte zwischen behinderten und nichtbehinderten Kindern insgesamt sehr selten waren. Wenn Kontakte zwischen den Kindern unserer Schule und den Kindern aus der Nachbarschaft zustande kamen, dann mußten sie in aller Regel von Erwachsenen initiiert und aufrechterhalten werden. Wir beobachteten allzu häufig, daß die nichtbehinderten Kinder über den Spielplatz tobten und die vielen Spielangebote mit Begeisterung nützten, gleichzeitig die Kinder mit Behinderungen sich passiv an den Rand des Geschehens drücken ließen und eingeschüchtert zusahen, wie sich die Nachbarschaftskinder austobten. Trotzdem halten wir an den integrativen Intentionen eines Spielplatzes für alle Kinder fest. Wir glauben, daß der Aufbau eines Gefühls von Gemeinsamkeit Zeit haben soll. Es ist notwendig, weiterzudenken, wie das „Zusammenspiel" behinderter und nichtbehinderter Kinder unterstützt und „normalisiert" werden kann. Allein das Verfügen über gemeinsam benützbare Spieleinrichtungen, das war die Enttäuschung unserer vielleicht naiven Erwartung, veranlaßt behinderte und nichtbehinderte Kinder durchaus noch nicht zum gemeinsamen Spiel.

Therapeutische Nutzung. Von den Therapeuten, die in unserer Einrichtung vertreten sind, wurde der Spielplatz nicht nur aktiv geplant. Er wurde vielfältig für die therapeutische Arbeit in Einzelförderung, in Psychomotorikgruppen, manchmal auch in den Sportunterricht eingebaut.

6.1. Probleme, Tricks und Tips

Verantwortlichkeit. Eine integrativ konzipierte, barrierefreie Spielanlage muß notwendigerweise ein öffentlicher Spielplatz sein. Die Frage der rechtlichen Verantwortung muß geklärt werden. Für öffentlich genutzte Spielplätze, wenn sie an spezielle Einrichtungen angeschlossen sind, übernehmen automatisch die Träger der Einrichtung die Haftung. Sie können allerdings die Haftpflicht von kommunalen oder anderweitigen Versicherungsträgern, z. B. der Gemeindeunfallversicherung, übernehmen lassen. Entscheidend ist, daß die Spielanlage den einschlägigen Richtlinien und dadurch den Haftungskriterien der Versicherungsträger entspricht. DIN-Vorschriften für barrierefreie Spielanlagen sind in Entwicklung (siehe Kapitel 5). Es kann noch nicht gesagt werden, wann das neue Normenwerk erlassen und veröffentlicht wird (Beuth-Verlag, Köln und Berlin). Vorinformationen werden in Form von Fachartikeln in den einschlägigen Fachzeitschriften („Spielraum", „Garten und Landschaft" u. a.) veröffentlicht.

Wartung. Ganz unvermeidlich kommt es auf Spielplätzen zu Abnützungen, Schäden und Beschädigungen, müssen Spieleinrichtungen ersetzt, technisch gewartet, repariert, neu gestrichen, Sand gereinigt und landschaftsgärtnerische Arbeiten verrichtet werden. Über die dabei entstehenden Kosten sollten private Träger von Spielplätzen mit den Gemeindeverwaltungen verhandeln.

Handlungsanweisungen für die Wartung von Spielanlagen finden sich unter Punkt 6, „Instandhaltung", des Beiblatts der DIN 7926 Teil 1. Aus Sicherheits- und Haftungsgründen ist dringend zu empfehlen, diese Wartungsarbeiten in festgelegten Intervallen durchführen zu lassen und in einem Wartungsbuch zu dokumentieren. In Schadensfällen kann dann der Nachweis der Wartung erbracht werden. Die Wartungsintervalle richten sich nach der Intensität der Benützung der Spielanlage. Informationen können von den jeweiligen Prüfstellen, beim Deutschen Kinderhilfswerk e.V. oder bei Fachfirmen eingeholt werden.

Spieleinrichtungen. Rollstuhlkarussell und Rollstuhlschiffschaukel sind zwei Spielgeräte, die für diesen Spielplatz speziell konstruiert wurden. Von den Kindern wurden beide gut angenommen und gerne benützt. Der praktische Gebrauch dieser Geräte zeigte jedoch auch, daß sie bei unvorsichtiger Benützung gefährlich sein können. Sie müssen in öffentlich zugänglichen Spielanlagen speziell gesichert werden und können von Kindern bei Betreuung benützt werden.

Unbefriedigend ist bis jetzt noch die Konstruktion der Schaukelsitze. Einen Schaukelsitz, in dem ein schwerbehindertes Kind oder ein Jugendlicher alleine sicher sitzen und schaukeln kann, haben wir bis jetzt noch nicht gefunden. Die Entwicklung eines solchen Schaukelsitzes, in dem eventuell auch ein Betreuer gemeinsam mit einem Kind schaukeln kann, gehört zu den zukünftigen Verbesserungen unseres Spielplatzes.

Ein anderes Problem zeigte sich bei Regen. Holz ist ein ansprechendes Material für Spielplätze. Bei Regen wurden jedoch die Auffahrtsrampe, das obere Spielplatzdeck und einzelne Spieleinrichtungen durch die Nässe sehr rutschig und gerade für bewegungsunsichere

Kinder zu einer gefährlichen Unterlage. Die Überlegung, mit einem grobkörnigen Sandanstrich der Gehflächen eine bessere Haftung und mehr Halt bei Nässe zu gewährleisten, wurde wieder verworfen. Bei Stürzen hätten sich die Kinder schlimme Schürfwunden zuziehen können. Die überall vorhandenen Handläufe waren notwendige Sicherungsangebote bei Nässe.

Lose angebrachte oder kombinierbare Spielmaterialien wie Seile, Gummibänder, Bälle an Seilen, auch dickere Taue sind begehrte Objekte und müssen zumindest über Nacht abgenommen werden. Auch hierfür müssen Zuständigkeiten abgesprochen werden. Wir entdeckten auch, daß manche unserer barrierefreien Spieleinrichtungen zu Aktivitäten herausforderten, an die wir eigentlich nicht gedacht hatten. Die rollstuhlgerechte Rampe, die Rollstuhlwippe und das Gummimattentrampolin zum Beispiel sind auch für Fahrräder, Mountain Bikes, Skate Boards und Mopeds spannende und herausfordernde Experimentierfelder.

Auswahl von Firmen. Bei der Wahl von Firmen, die Materialien zum Bau, insbesondere aber von Firmen, die Spielgeräte liefern, ist neben den Kosten und der Qualität der Angebote die Erfahrung der Anbieterfirmen und die geographische Nähe zum Spielplatz ein nicht zu unterschätzender Faktor, wenn Reparaturen und Ersatzteile benötigt werden. Zur Zeit entstehen spezialisierte Firmen für die Wartung von Spielplätzen.

Finanzielle Unterstützung. Die Frage der Finanzierung steht bei jeder Planung ganz oben. Es gibt einige Organisationen, die Spielplatzprojekte unterstützen könnten. Für uns war das „Deutsche Kinderhilfswerk in Bayern e.V." nicht nur hinsichtlich der finanziellen Unterstützung, sondern auch in allen Fragen der Planung und Konstruktion ein Partner von unschätzbarem Wert. Finanzielle Unterstützung könnte auch die „Aktion Sorgenkind" gewähren. Daneben gibt es Organisationen wie beispielsweise den „Rotary Club", den „Lions Club" und andere, die bereit sind, im Rahmen ihrer Möglichkeiten wohltätige Zwecke zu unterstützen. Lokale Bürgerinitiativen und Vereinsaktivitäten könnten sich im Rahmen ihrer Gemeinnützigkeit und Fördertätigkeit der Einrichtung behindertengerechter Spielanlagen zuwenden. Darüber hinaus sollten auch spezielle Förderprogramme von Ministerien und Regierungen (z.B. das Programm „Freizeit und Erholung" des Freistaates Bayern) ausgeschöpft werden.

6.2. Spiel ohne Ende – weitere Ausbaupläne

Einen Spielplatz muß man nicht zu Ende bauen. Offene Konzeptionen bieten sich geradezu an. Es gibt ständig neue Ideen, Spielgeräte und Verbesserungsmöglichkeiten. Natürlich gibt es auch Grenzen. Wie alle öffentlichen Unternehmungen unterliegt auch die Planung und Gestaltung von Spielplätzen dem ungeliebten Prinzip der Knappheit. Trotzdem wollen wir einige Wünsche, die unser Spielplatz noch offenläßt, zumindest anklingen lassen. Es gibt inzwischen neue und kreative Ideen für Spielaktivitäten, die unter dem Begriff eines „Sinnegartens" (Simmen 1983) zusammengefaßt werden können. Der Sinnegarten kann Klangsteine, Klangstäbe aus Holz, Metall, Tast- und Geruchsspiele enthalten. Man könnte aber auch an einen Naturgarten mit Hochbeeten, Kräuterbeeten und ähnlichem denken. Diese Gedanken weisen auf eine vorläufige Verengung unserer Spielplatzkonzeption hin, die vorrangige Berücksichtigung von Kindern und Jugendlichen mit motorischen Beeinträchtigungen. Ein Spielplatz für alle Kinder sollte darüber hinaus spezifische Orientierungs- und Spielangebote für Kinder mit Seh- und Hörbeeinträchtigungen einschließen und die Sicherheitsbedürfnisse dieser Kinder berücksichtigen. Diesbezüglich liegen inzwischen interessante Anregungen vor.

Die Spielgeräteindustrie hat in Angeboten barrierefreier Spieleinrichtungen eine wichtige Erweiterung ihrer Produktpalette erkannt. Eine steigende Nachfrage nach solchen Spielangeboten wird in den nächsten Jahren erwartet. Die Berücksichtigung aller Arten von Behinderungen, insbesondere auch der Einschluß spezifischer Angebote für sinnesbehinderte Kinder, ist eine Herausforderung an kreative Spielideen, die nicht nur anregende Spielangebote für nichtbehinderte Kinder sind, sondern auch Kindern mit diffusen Entwicklungsrisiken, Störungsbildern und Kindern mit mehrfacher Behinderung motivierende Spielfelder eröffnen.

6.3. Schlußfolgerungen

Ein Spielplatz mit Spielangeboten für *alle* Kinder, das ist eine so einfache, naheliegende und selbstverständliche Idee, daß man nur mit Staunen sieht, daß dieser Gedanke erst jetzt allmählich in Spielplatzkonstruktionen umgesetzt wird. Betrachtet man die öffentliche Diskussion um die schulische Integration behinderter Kinder unter diesem Aspekt, dann könnte man meinen, daß das von allen angestrebte Ziel der Integration dort am heftigsten diskutiert wird, wo es vielleicht am schwersten zu erreichen ist: in der Schule, In anderen Lebensbereichen, wo dieser Gedanke ganz naheliegend ist, wird er oft übersehen.

Der Vorschlag eines Spielplatzes für alle Kinder ist ein Beitrag zu dieser Diskussion, der an alltäglichen Erfahrungen der Kinder ansetzt. Hier sollen alle Kinder Möglichkeiten finden, selbst aktiv tätig zu werden, sich selbst in spielerische Beziehungen zu anderen Kindern und Gegenständen zu setzen und sich in diesen Beziehungen zu erleben, ihre Fähigkeiten kennenzulernen und zu entwickeln. Sie sollen sich freuen am Spiel, an den Aufgaben, die sie bewältigen und den Erfahrungen, die sie machen. Niemand bestreitet das Recht behinderter Kinder auf solche Erfahrungen. Und doch ist es immer noch die Faktizität der Spielangebote auf den meisten Spielplätzen, die behinderten Kindern diese Erfahrungen vorenthält. Dabei sind gerade sie, viel mehr noch als ihre nichtbehinderten Spielkameraden, auf vielfältigste Bewegungsangebote als Grundlage für die Entfaltung ihrer Entwicklungschancen angewiesen.

Bei allen Problemen im Detail, der Spielplatz für *alle* war ein Erfolg. Er kann von *allen* Kindern benützt werden und *alle* Kinder spielen hier mit Freude und Gewinn. Wir glauben, daß uns diese Erfahrung berechtigt, Gemeinden, Stadtteilverwaltungen, Eltern und die damit befaßten Professionellen aufzurufen, die Spielbedürfnisse behinderter Kinder auf öffentlichen Spielplätzen engagierter einzufordern, als dies bis heute geschehen ist. Die Entwicklung neuer DIN-Vorschriften für barrierefreie Spielanlagen, die vor allem auch durch den Bau unseres Spielplatzes in Gang gesetzt wurde, ist langfristig gesehen vielleicht der größte Erfolg dieses Spielplatzes. An die Verabschiedung dieser Normen knüpfen sich große Hoffnungen für die Gestaltung zukünftiger barrierefreier Spielanlagen. *Spielplätze für alle Kinder!* – einer von vielen Wegen in eine menschlichere Gesellschaft.

Dankwort

Viel Zeit ist vergangen seit der ersten noch kühnen Formulierung des Gedankens, einen Spielplatz zu bauen, auf dem alle Kinder, auch Kinder mit Körperbehinderungen spielen können, den ersten Konstruktionsentwürfen, dem Bau und endlich der Einweihung des Spielplatzes im Jahre 1986.

Es hat dann noch einmal sechs Jahre gedauert, bis der Gedanke, diesen Spielplatz einer breiteren Öffentlichkeit vorzustellen, in die Form eines Buches gebracht war. Dazwischen lagen Erfahrungen, durch die die Verwirklichung dieser Pläne gefördert, unterstützt und manchmal erst realisierbar wurde. Allen denen, die hier nicht persönlich genannt werden können, sei hier Dank gesagt.

Frau Anneliese Huß, die Direktorin der Bayerischen Landesschule für Körperbehinderte in München, hat die Entstehung der Spielanlage über all die Jahre begleitet und nach ihren besten Möglichkeiten durch die Unterstützung der Einrichtung die Koordination von Bauplanung

Abb. 70: Die zweigeschossige Spielanlage und der Sand-Matsch-Bereich Besonders gelungen ist die Einbeziehung der Vegetation in die Strukturierung der Spielbereiche.

und Finanzierung erst ermöglicht. Das Landbauamt war in der gesamten Planungsphase ein hilfreicher und kooperativer Partner bei einer eher ungewohnten Aufgabe. Die Henflingstiftung und das Deutsche Kinderhilfswerk e. V. haben das Projekt durch bedeutende Spendenbeträge gefördert. Darüber hinaus stand das Deutsche Kinderhilfswerk e. V. der Bayerischen Landesschule für Körperbehinderte in Rat und Tat in der Phase der Planung und des Spielplatzbaus zur Seite. All denen, die durch großzügige Spenden die Entstehung des Spielplatzes oder die Anschaffung spezieller Spielgeräte unterstützten, danken wir auch im Namen der Kinder.

An dieser Stelle seien auch Mitarbeiter der Bayerischen Landesschule genannt, die mit ihren Ideen und Vorstellungen die Planungsphase engagiert begleitet haben. Frau Verena von Marschall und Herr Robert Lang haben die Konzeptentwicklung von den Anfängen an bereichert. Herz und Motor der „Spielplatzidee" und ihrer Umsetzung war in all den Jahren Frau Christl Brandl. Ihr hartnäckiges Engagement rettete das Spielplatzprojekt auch über Flauten hinweg.

Die Arbeiten der Autoren zu diesem Buch wurden unterstützt von:

ABC-Team (Ransbach-Baumbach)
AGFA-Gevaert (Leverkusen)
Groh GmbH – Spielgeräte (Bad Dürkheim)
HAGS/mb – Spielidee (Biedenkopf)
Kinderland Spielgeräte (Geeste)
Neospiel (Willebadessen-Borlinghausen)
Paidos GmbH (Korschenbroich)
Spessart Holzgeräte GmbH (Kreuzwertheim-Wiebelbach)
SPOGG Sport-Güter GmbH (Germering)
Staho (Kaarst)
Werner GmbH (Butzbach-Fauerbach)

Literaturverzeichnis

Augustin, A.: Die sensorische Integrationstherapie von Ayres im Vergleich mit der Entwicklungstheorie der Sensomotorik nach Piaget. In: Doering, W. & Doering, W.: Sensorische Integration. Dortmund: Modernes Lernen 1990, 143–203
Benton, A.: Neuropsychology. Past, present and future. In: Boller, F., Grafmann, J., Rizzolatti, G. & Goodglass, H.: Handbook of neuropsychology. Amsterdam: Elsevier u. a. 1988, Vol. I, 3–27
Berg, C.: Verändertes Spiel – veränderte Kindheit. Neue Sammlung 1990 (30), 436–448
Bloch, M. N. & Pellegrini, A. D.: Ways of looking at children, context and play. In: Bloch, M. N. & Pellegrini, A. D. (eds.): The ecological context of children's play. Norwood: Ablex publishing 1989, 1–15
Cruickshank, W. M.: Cerebral Palsy. Syracuse: University Press 1979³
Eckert, M.: Wie spielt denn Anna? Zusammen 1986 (6) 9–11
Hagemeister, U.: Wenn unsere Hilfe hilflos macht . . . Zusammen 1991 (11), 4–7
Hetzer, H.: Spielpflege bei geistig zurückgebliebenen Kindern als heilpädagogische Aufgabe. In: Bracken, H. v. (Hrsg.): Erziehung und Unterricht behinderter Kinder. Frankfurt: Akad. Verlagsgesellschaft 1968, 213–233
Kautter, H., Klein, G., Laupheimer, W. & Wiegand, H.-S.: Das Kind als Akteur seiner Entwicklung. Heidelberg: Schindele 1988
Kirk, U.: Language and the brain. Implications for education. In: Kirk, U. (ed.): Neuropsychology of language, reading, and spelling. New York: Academic Press 1983, 157–271
Lurija, A. S.: The working brain. An introduction to neuropsychology. London: Lane 1973
Luxburg, J. v.: Systemische Familienberatung in der Frühförderung. Ein Beitrag zum Akzeptieren des behinderten Kindes. Frühförderung interdisziplinär 1991 (10), 1–9
Maturana, H. R. & Varela, F. J.: Der Baum der Erkenntnis. Bern: Scherz 1987
Mitterbauer, G.: Zur Bedeutung von Spiel und Bewegung im Kindes- und Jugendalter. Praxis der Psychomotorik 1991, 8–12
Montessori, M.: Das kreative Kind. Freiburg: Herder 1972
Moor, P.: Heilpädagogische Psychologie, Band 2. Bern: Huber 1960²
Neuhäuser, G.: Bewegung in Diagnostik und Therapie aus der Sicht der Neuropädiatrie. In: Hölter, G. (Hrsg.): Bewegung und Therapie – interdisziplinär betrachtet. Dortmund: Modernes Lernen 1988, 9–23
Piaget, J. & Inhelder, B.: Die Psychologie des Kindes. Olten: Walter 1972
Piaget, J.: Der Aufbau der Wirklichkeit beim Kind. Gesammelte Werke, Band 2. Stuttgart: Klett-Cotta 1975
Sarimski, K.: Kommunikation zwischen Müttern und behinderten Kleinkindern. Frühförderung interdisziplinär 1983 (2), 167–174
Sarimski, K.: Interaktion mit behinderten Kleinkindern. München: Reinhardt 1986
Scheuerl, H.: Zur Begriffbestimmung von „Spiel" und „Spielen". Zeitschrift für Pädagogik 1975 (21), 341–350
Simmen, R.: Der Sinnegarten. Vorschläge zur Spielplatzgestaltung für geistig intensiv Behinderte. Schweizer Heilpädagogische Rundschau 1983 (4), 85–91
Speck, O.: System Heilpädagogik. München: Reinhardt 1988

Speck, O.: Chaos und Autonomie in der Erziehung. München: Reinhardt 1991
Stanovich, K. E.: Matthew effects in reading. Some consequences of individual differences in the acquisition of literacy. Reading Research Quarterly 1986 (21), 360–407
Vries, J. J. P. de, Visser, G. H. A. & Prechtl, H. F. R.: The emergence of fetal behaviour. Early Human Development 1982 (7), 301–322
Zimmer, K.: Das wichtigste Jahr. Die seelische und körperliche Entwicklung im ersten Lebensjahr. München: Kösel 1987

Anhang
Hinweise, Anregungen, hilfreiche Materialien

1. Weiterführende Literatur

Behinderteneinrichtungen. Dokumentation von Beispielen. In: Arbeitsblätter „Bauen und Wohnen für Behinderte" Nr. 1. Bayerisches Staatsministerium des Innern. Oberste Baubehörde
Belzig, G.: Kinderspielplätze. Augsburg: Augustus 1990^2
Deutsches Kinderhilfswerk u. a. (Hrsg.): Das Spielmobilbuch. Eine Lobby für Spielräume und Kinderrechte. Berlin: Fipp-Verlag 1990
Deutsches Kinderhilfswerk (Hrsg.): Stadt für Kinder. Stadt für alle. Dokumentation der Fachtagung in Leun a. d. Lahn vom 2. bis 4. November 1989
Dieckert, J.: Spielaktivitäten, Spielbereiche, Spielwert. Zentralstelle für Normierungsfragen und Wirtschaftlichkeit im Bildungswesen, Schillstraße 9–10, 1000 Berlin 30
Miedzinski, K.: Die Bewegungsbaustelle. Dortmund: Modernes Lernen. 1987^2
Niedersächsisches Sozialministerium (Hrsg.): Spielplatzfibel. Niedersächsisches Sozialministerium, Postfach 141, 3000 Hannover 1980
Rauch, M. (Hrsg.): Schulhofhandbuch. Langenau-Albeck: Vaas Verlag 1982
Schelle, E. & Arndt, M. (Hrsg.): Der Spielplatz im Kindergarten. Berlin: Verlag Volk und Wissen. 1972
Schulbauinstitut der Länder (Hrsg.): Einrichtungen für Spiel und Sport mit Behinderten. Planungshinweise. Teil 3: Körperbehinderte. SBL Studien 57. Schulbauinstitut der Länder. Schillstraße 9–10, 1000 Berlin 30. 1983
Spitzer, K., Günter, J. & Günter, R.: Spielplatzhandbuch. Hamburg: VSA-Verlag 1980^2
Zimmer, J., Schulz-Dornberg, U. & Schneider, M.: Abenteuerspielplätze. Düsseldorf: Econ 1972

2. Einschlägige Fachzeitschriften

Spielraum und Freizeitwert. Hannover
Garten + Landschaft. Organ des Bundes Dt. Landschafts-Architekten e. V. München

3. Weitere Informationsquellen

„Info-Spiel", Dokumentations- und Informationsdienst für den Bereich Spielen im öffentlichen Raum. Thalkirchner Straße 106, 8000 München 2, Tel. (089) 7258900
Institut TLP, Technische Lebensraumplanung für behinderte und alte Menschen. Postfach 470, 5580 Traben-Trarbach, Tel. (06541) 9237
Bundesverband der Spielplatzgeräte- und Freizeitanlagen-Hersteller e.V., Kaiserswerther Str. 135, 4000 Düsseldorf 30

4. Firmen, die behindertengerechte Spielgeräte produzieren

ABC-Team
Spielplatzgeräte
Postfach 255
5412 Ransbach-Baumbach

Berliner Seilfabrik
Kesel-Spielgeräte
Lengeder Straße 21–23
1000 Berlin 51

Eibe
Produktions- und Vertriebs-GmbH
Industriestr. 1 – Postfach 6
8701 Röttingen

Finlek-Spielgeräte
Postfach 630110
8500 Nürnberg 63

Groh GmbH
Spielgeräte
Brückstr. 69
6702 Bad Dürkheim

Grünzig Spielgeräte
Postfach 1153
2813 Eystrup

HAGS/mb – Spielidee
Postfach 1327
3560 Biedenkopf

Kaiser + Kühne
Freizeitgeräte GmbH
Verdener Landstraße
3071 Drakenburg

Kinderland Spielgeräte
Industriestraße
4478 Geeste 1 – Dalum

KOMPAN Multikunst
Spielgeräte GmbH
Gewerbegrund 7
2398 Harrislee

Lappset
Spiel-Park-Freizeitsysteme GmbH
Zum Bergwald 1
6601 Kleinbittersfeld – Bad Richingen

Neospiel
Gesellschaft für Freizeitgeräte
3533 Willebadessen-Brolinghausen

Ravensburger
Freizeitgeräte
Postfach 1860
7980 Ravensburg

Richter Spielgeräte GmbH
Simseestr. 29
8201 Frasdorf/Obb.

Spessart Holzgeräte GmbH
Spessartstraße 8
6983 Kreuzwertheim-Wiebelbach

SPOGG Sport-Güter GmbH
Geierstraße 24
8034 Germering

Sport Gerlach
Postfach 1161
3563 Dauphetal – Friedensdorf

Staho
Stahl- und Holzspielgeräte
Heide 59 A
4044 Kaarst 2

Wehrfritz
Postfach 1107
August-Grosch-Straße 28–38
8634 Rodach/b. Coburg

Werner GmbH
Hessenland-Spielgeräte
Weidengasse 2
6308 Butzbach-Fauerbach

5. Themenbezogene Ausstellungen

„Famina" (früher Ausstellungsort München)
„Heim- und Handwerk" (Ausstellungsort München)
„Reha-Ausstellung" (wechselnde Ausstellungsorte)
„Didacta" (wechselnde Ausstellungsorte)

6. DIN-Vorgaben für behindertengerechte Spielanlagen
(Stand 1991)

DIN 7926 Teil 1
  (Kinderspielgeräte, Begriffe, sicherheitstechnische Anforderungen)
DIN 7962 Teil 1 Kinderspielgeräte
  (Begriffe, sicherheitstechnische Anforderungen, Prüfungen)

DIN 7962 Beiblatt 1 Kinderspielgeräte
(Begriffe, sicherheitstechnische Anforderungen, Prüfungen, Erläuterungen)
DIN 7962 Teil 2 Kinderspielgeräte, Schaukeln
(Begriffe, sicherheitstechnische Anforderungen, Prüfungen)
DIN 7962 Teil 3 Kinderspielgeräte, Rutschen
(Begriffe, sicherheitstechnische Anforderungen, Prüfungen)
DIN 7962 Teil 4 Kinderspielgeräte Seilbahnen
(Maße, sicherheitstechnische Anforderungen, Prüfungen)
DIN 7962 Teil 5 Kinderspielgeräte Karussells
(Begriffe, sicherheitstechnische Anforderungen, Prüfungen)
DIN 13241 Teil c, Rollstühle
(Prüfverfahren für Bestimmungen der Fähigkeit zur Überwindung von Hindernissen mit Rollstühlen mit Elektromotor)
DIN 18034 Grundlagen und Hinweise für die Objektplanung
(Basisnorm für die Planung von Spielplätzen und Spieleinrichtungen)
DIN 18034 Teil 1 Sportplätze
(Normen für Spielgeräte und Spielplatzplanung)
DIN-Taschenbuch 105. Kinderspielgeräte und zitierte Normen.
Normen, Gerätesicherheitsgesetz (Sport und Freizeit 3). Berlin: Beuth Verlag 1991
DIN-Taschenbuch 147. Sportgeräte für Turnen, Gymnastik, Ballspiele und Training.
Normen, Gerätesicherheitsgesetz (Sport und Freizeit 1). Berlin: Beuth Verlag 1991
Freiflächen zum Spielen. Kommentar zur DIN 18034. Berlin: Beuth Verlag 1991

In Vorbereitung: DIN barrierefreie Spiel- und Freizeitplätze.

7. Gesetzesvorgaben

Gesetz über technische Arbeitsmittel (Gerätesicherheitsgesetz vom 24. 6. 1968)
1. Verordnung zum Gesetz über technische Arbeitsmittel vom 11. 6. 1979
2. Verordnung zum Gerätesicherheitsgesetz vom 26. 11. 1980

Monika Linn und Renate Holtz
Übungsbehandlung bei psychomotorischen Entwicklungsstörungen
1987. 101 Seiten. 53 Abb. kt. ISBN 3-497-01131-2

Die besondere Stärke dieses Buches liegt in zwei Bereichen: Zum einen werden die Inhalte der einzelnen Therapiestunden konkret und detailliert geschildert und nach ihrem speziellen Zweck analysiert; zum anderen wird dargelegt, wie eine längerfristige Therapiekonzeption aussehen muß, um in einer sinnvollen Abfolge von Behandlungsinhalten zum angestrebten Ziel zu kommen. *Hans G. Schlack*

Bernard Aucouturier und André Lapierre
Bruno
Bericht über eine psychomotorische Therapie bei einem zerebral-geschädigten Kind
1982. 87 Seiten. 8 farb. Abb. kt. ISBN 3-497-00854-0

Bruno ist ein Kind mit zerebral bedingtem motorischem Gebrechen, das mit tiefen Persönlichkeitsstörungen verbunden ist. Die Autoren beschreiben die verschiedenen Phasen der psychomotorischen Therapie, die ganz auf einer nicht-verbalen, körperlichen Beziehung, Gebärdensprache und akustischer Mitteilung beruht.

Marion Esser
Beweg-Gründe
Psychomotorik nach Bernard Aucouturier
1992. ca. 180 Seiten. ca. 30 Abb. kt. ISBN 3-497-01272-6

Im Gegensatz zu manchen rein funktionalen Motorik-Trainings baut die französische Psychomotorik auf entwicklungs- und tiefenpsychologischen Erkenntnissen auf. *Bernard Aucouturier* ist einer der wichtigsten Vertreter dieser ganzheitlich orientierten Psychomotorik. Im Mittelpunkt steht das Kind mit seinem Körper- und Bewegungsausdruck. Die Autorin zeigt, wie Psychomotorik nicht nur therapeutisch, sondern gleichzeitig auch präventiv einsetzbar ist.

Ernst Reinhardt Verlag München Basel

Elfriede Bielefeldt
Tasten und Spüren
Wie wir bei taktil-kinästhetischer Störung helfen können

1991. 96 Seiten. 11 Abb. kt. ISBN 3-497-01222-X

Dieses Buch beschreibt das eigenartige Erscheinungsbild einer Wahrnehmungsstörung im taktilen System, die eng mit anderen Sinnen, mit der Sprache und der Motorik gekoppelt sein kann. Es gibt praktische Ratschläge, wie insbesondere Eltern und Betreuer eines betroffenen Kindes mit der Störung pädagogisch und therapeutisch sinnvoll umgehen können.

Marianne Gäng (Hrsg.)
Heilpädagogisches Reiten und Voltigieren

2., neubearb. u. erw. Aufl. 1990. 264 Seiten. 133 Abb. kt.
ISBN 3-497-01177-0

Nicht die reitsportliche Ausbildung steht hier im Vordergrund, sondern die individuelle Förderung und die Selbsterfahrung durch das Medium Pferd, vor allem eine günstige Beeinflussung der Entwicklung, des Befindens und des Verhaltens. Im Umgang mit dem Pferd, beim Reiten und Voltigieren wird der Mensch ganzheitlich angesprochen. Den Leser erwarten in dieser 2. Auflage Grundlagen und Perspektiven des heilpädagogischen Reitens, eine Vielzahl erprobter Übungen und Tips aus der Praxis sowie Anregungen für phantasievolles Spielen mit dem Pferd.

Peter Lory
Bewegungsgehemmte Kinder im Wasser
Ein pädagogisches Übungsbuch

2. Aufl. 1988. 96 Seiten. 158 Fotos, 75 Zeichnungen. kt.
ISBN 3-497-01145-2

Harmonisierung der Bewegung kann die psychische Harmonisierung fördern. Für diese Art von Bewegungsschulung eignet sich das Element Wasser ausgezeichnet durch sein Tragen und durch seinen Widerstand, aber auch durch die Lust, die es erweckt. Der Leser findet hier eine Fülle unterschiedlichster Übungen.

Ernst Reinhardt Verlag München Basel

Thomas Lang
Kinder brauchen Abenteuer
„Kinder sind Kinder" Bd. 13. 1992. 79 Seiten. kt. ISBN 3-497-01260-2

Spätestens wenn wir von gefährlichen „Abenteuern" wie S-Bahn-Surfen hören, müssen wir uns fragen: Wo sind Abenteuer für Kinder heute noch möglich, ohne gleich zerstörerisch und selbstgefährdend zu werden? Thomas Lang gibt Anstöße, wie wir Kinder zwischen 6 und 13 Jahren auf der Suche nach Abenteuern unterstützen können. Er erklärt in hervorragend verständlicher Weise, woher die Lust an der Spannung kommt und warum Kinder Abenteuer überhaupt brauchen.

Marianne Frostig
Bewegungs-Erziehung
Neue Wege in der Heilpädagogik
Beiträge zur Kinderpsychotherapie Bd. 16. 5. Auflage 1992. 261 Seiten.
43 Abb. gb. ISBN 3-497-00934-2

Aus ihrer Erfahrung beim Unterrichten, in Psychologie und Sonderschulerziehung beschreibt die Autorin Spiele und Bewegungsaktivitäten, die sowohl für normal begabte als auch für Kinder mit Lernstörungen geeignet sind. Ihre Absicht ist es, nicht nur motorische Fertigkeiten um ihrer selbst willen zu fördern, sondern auch zur Entwicklung von Körperbewußtsein, Perzeptionsfähigkeiten, Sprache usw. beizutragen. Darüber hinaus bietet dieses Buch Einblick in den Stand gegenwärtiger Forschung und klinischer Erfahrung.

Virginia M. Axline
Kinder-Spieltherapie im nicht-direktiven Verfahren
Beiträge zur Kinderpsychotherapie Bd. 11. 7. Auflage 1990. 342 Seiten.
gb. ISBN 3-497-00931-8

Die Verfasserin bringt neben der Schilderung der Grundprinzipien nicht-direktiver Spieltherapien eine Menge konkreter Anleitungen für die Durchführung einer Behandlung, eine Vielzahl von Interviews aus Einzel- und Gruppentherapien und Hinweise für die Anwendung klientenzentrierter Haltung in der Erziehung.

Ernst Reinhardt Verlag München Basel